경주에서 길을 찾다

경주에서 길을 찾다

Gyeongju Healing tour

경주
힐링부어
로드맵북

이소요
지음

SY 스토리윤

차례

제1부 시대를 치유하다

- 010 신라, 하늘에 길을 묻다 | **선덕여왕과 첨성대**
- 024 사라진 시대와 다가올 시대를 위하여 | **김대성과 석굴암**
- 046 종 하나 만드는 데 34년이나 걸린 이유
  | **경덕왕과 네 명의 박사, 그리고 성덕대왕신종**
- 062 그곳에 가면 시간이 거꾸로 흐른다 | **남산**
- 080 문무왕의 비상계엄령 '내 시신을 화장하라' | **대왕암과 능지탑**
- 094 신문왕의 '만파식적'을 찾아서 | **감포에서 용연까지**
- 114 1281년, 일연은 경주에서 무엇을 보았는가 | **황룡사터**
- 128 경순왕, 죽어서도 서라벌로 돌아오지 못한 이유 | **숭혜전**
- 146 킹메이커 6부촌장의 박혁거세 만들기 | **양산재와 표암재**

제2부 그들이 사는 법

166   틴에이저, 한반도를 통일하다 | **화랑길**

178   가야출신 김유신의 대세 돌파하기
       | **천관사지와 무열왕릉 그리고 김유신묘**

194   공주의 남자, 새벽이라 불린 사나이를 위하여
       | **원효와 분황사 그리고 월정교**

208   도래인 석탈해의 미션 임파서블 | **월성과 계림**

224   신라의 솔로몬, 경덕왕의 성공비결 | **경덕왕릉**

236   페르시아의 장수, 신라왕릉의 수호신이 되다 | **괘릉**

250   처용과 함께 거니는 달빛 서라벌 | **경주 심야 기행**

266   400년을 이어온 '참 부자학' | **교촌 최부자집**

경주에서 길을 잃어버리지 않으려면
두 개의 지도가 필요하다
하나는 이야기의 지도인 삼국유사,
그리고 내 머릿속의 지도인 상상력.

제1부

시대를 치유하다

신라, 하늘에 길을 묻다 • 선덕여왕과 첨성대
사라진 시대와 다가올 시대를 위하여 • 김대성과 석굴암
종 하나 만드는 데 34년이나 걸린 이유 • 경덕왕과 네 명의 박사, 그리고 성덕대왕신종
그곳에 가면 시간이 거꾸로 흐른다 • 남산
문무왕의 비상계엄령 '내 시신을 화장하라' • 대왕암과 능지탑
신문왕의 '만파식적'을 찾아서 • 감포에서 용연까지
1281년, 일연은 경주에서 무엇을 보았는가 • 황룡사터
경순왕이 죽어서도 고향으로 돌아오지 못한 이유 • 숭혜전
킹메이커 6부촌장의 '박혁거세' 만들기 • 양산재와 표암재

신라, 하늘에 길을 묻다

선덕여왕과 첨성대

신라의 수도 서라벌의 중심은 어디일까. 그야 당연히 신라의 심장부인 월성이었을 것이다. 왕을 잉태한 신비로운 숲 계림을 병풍처럼 두르고 환상적인 야경과 과학적인 수로를 가진 안압지를 거느렸을 월성의 위용은 얼마나 찬란했을까. 잠시 월성 터 한가운데 서서 바람을 맞고 있노라면 금방이라도 왕의 마차와 위대한 영웅들의 말 행렬이 지나쳐갈 것만 같다.

하지만 오늘날엔 월성의 자취는 찾아볼 길 없고 붉은 흙으로 뒤덮인 드넓은 터만이 남아 찾는 이들의 마음을 쓸쓸하게 하는데, 다행히도 월성 유적 중에 온전한 모습으로 남아 있는 것이 하나 있으니 그것이 바로 첨성대다.

첨성대가 우리에게 주는 가장 큰 감동은 우리가 마주 보고 있는 첨성대의 몸체가 천사백 년 전 쌓은 그대로라는 사실일 것이다. 우리 민족의 오랜 역사 중 천사백여 년의 세월을 온몸으로 증언하고 있는 나이 먹은 돌들. 이 돌들을 쌓아 올릴 때 회칠 한 번 하지 않고, 못하나 쓰지 않았음에도 불구하고 그 숱한 전란을 이기고 이렇게 온전하게 남아 있다는 것은 한마디로 불가사의다.

그런데 우리는 첨성대의 존재에 대해 그다지 감동하지 않는 편이다. 아마도 그 첫 번째 이유는 첨성대가 생각보다는 작다는 데 있을 것이다. 우리가 흔히 생각하는 천문대는 높은 산 정상에 있거나 평지에 있으면 상당히 높은 형태를 갖고 있어야 한다는 것이다. 그런데 첨성대는 정 반대다. 도심 한가운데 있는 데다 높이가 채 10미터도 되지 않는다. 바로 근처에 거대한 왕들의 무덤과 나란히 있다 보니 더 초라해 보인다. 그래서 오랜 세월 첨성대가 과연 천문대일까 하는 의문이 제기되어 왔다. 천문대가 아니라 천제를 지내던 곳이라는 주장도 만만치 않고, 궁궐의 긴급 상황을 외부에 알리는 봉화대로 보는 시선들도 있었다.

그런데 기록을 보면 선덕여왕은 왕위에 즉위하자마자 첨성대를 지으라고 명령했다. 그러니까 첨성대 건설은 선덕여왕의 첫 번째 국책사업이었던 셈이다. 삼국 간의 치열한 영토 확장 싸움이 벌어지던 때, 가장 작은 나라였던 신라는 군대를 키우고 변방을 지키기에도 바쁜 상황이었다. 바로 그런 때에 천문대 건설을 명령한 것이다.

선덕여왕의 첨성대 선언 '신라는 자주독립국가다'

당태종 6년인 632년, 신라에선 치열한 권력다툼 끝에 한 여인이 왕이 된다. 수많은 영웅들과 자웅을 겨루면서 왕위에 오른 선덕여왕. 비록 여인이었으나 김유신, 김춘추 등을 비롯한 뭇 영웅들의 신임과 존경을 받은 것은 그녀가 인품과 실력을 갖춘 군주감이었기 때문이다.

특히 그녀는 탁월한 예지력의 소유자였다. 그녀는 적의 침투 시기와 장소를 예측하고 적장의 심리를 정확하게 파악하며 자신의 죽을 날까지 정확하게 예언했다. 삼국유사를 비롯한 당대의 기록을 보면 그녀의 놀라운 예지력에 관한 일화들이 마치 전설처럼 전해져오고 있다.

하지만 당태종은 단지 독신 여성이라는 이유로 선덕여왕을 몇 차례나 모욕했다. 낭시 선덕여왕은 당나라 천자로부터 신라의 왕으로 인정받는 절자를 세 번이나 반복하는 수모를 겪어야 했다. 그것도 부족해 당태종은 독신인 그녀를 나비가 찾아들지

않는 꽃에 비유한 그림을 보내기도 했다.

그러나 지혜로운 선덕여왕은 혈기로 대응하지 않았다. 그리고 한편으로는 천연덕스럽게 첨성대 건축을 명령한 것이다. 아마도 이 명령이 떨어졌을 때, 아마도 신라 조정이 발칵 뒤집혔을 것이다. 고대 사회에서 하늘의 뜻을 읽는 특권은 절대군주에게 있었다. 선덕여왕 시대에 그 특권은 중국, 즉 당나라만의 것이었다. 주변 국가가 독자적으로 천문을 읽는 것은 허락되지 않았다. 신라 역시 중국이 정한 역법과 연호를 써야 하는 약자의 입장에 있었다.

그런 상황에서 천문대를 세운다는 것은 신라가 독자적으로 하늘의 운행을 관찰하겠다는 것이었다. 당나라가 독점해온 절대 주권에 정면으로 대항하겠다는 뜻이 된다. 그런데 당시 신라는 당나라의 힘을 빌어 고구려와 백제로부터 나라를 보존해야 하는 상황이었다. 그런 상황에서 첨성대를 지어 당나라의 비위를 건드리는 일은 위험천만한 일이었다. 첨성대가 완성되는데 15년이란 시간이 걸린 사실만 봐도 이런 정치 상황을 짐작케 한다. 첨성대가 당시로선 최첨단 건축물 중의 하나였다고는 하지만, 규모나 건축 기법을 볼 때 15년이나 걸릴 공사는 아니다. 즉 건축 기술상의 문제나 재정적인 문제보다는 정치적인 시간이 많이 필요했던 것은 아닐까.

조선시대에도 선덕여왕과 같은 대담한 일을 실천에 옮긴 왕이 있었다. 바로 세종이다. 당시 조선은 명나라의 역법을 사용하고 있었다. 하지만, 중국 땅에 맞도록 정해진 절기와 농사기법은 조선의 농사와 천재지변을 대비하는 데에는 맞지 않았다. 조선엔 조선에 맞는 독자적인 역법이 있어야 했다. 하지만 역법을 통해 주변국을 통제하고 있었던 명나라가 이를 허락할 리 없었다.

그러자 세종은 외부인들이 들어올 수 없는 왕의 침전인 강녕전 바로 옆에 조선판 '실리콘' 밸리를 만들었다. 지금도 경복궁 강녕전 바로 옆에는 '흠경각'이라는 전각이 있는데 바로 이곳에 장영실 등 조선의 천문학자들을 머물게 하면서 역법을 연구하도록 했다. 그리고 마침내 1444년에 조선만의 독자 역법이자 우리 민족 최초의 고유 역법인 〈칠정산 내외 편〉을 만천하에 공포한다. 이로서 조선은 수리아와 중국에 이어 인류 역사상 세 번째로 독자적인 역법을 가진 나라가 됐다. 어디 그뿐인가. 명나라가 강경하게 반대했던 첨단무기 신기전도 몰래 개발했던 그였다. 선덕여왕 역시 같은 생각 아니었을까. 결국, 선덕여왕은 치세 기간인 15년 내내 첨성대 건설을 포기하지 않았다. 그리고 마침내 그녀가 비담 일당에게 죽음을 당하던 그 해, 첨성대가 완성됐다.

　독자적인 천문대를 갖는다는 것, 그것은 천하를 향한 신라 여왕의 독립선언이자 신라가 자주독립국가임을 만천하에 알리는 일이었다. 선덕여왕은 첨성대를 통해 중국만이 천손이요, 그들만이 하늘의 선택을 받았다는 중국 중심의 사고방식에서 벗어나 신라인도 독자적으로 우주의 운행을 관찰할 수 있고, 하늘의 뜻을 읽을 수 있는 민족이라는 자긍심을 심어준 것이다.

시대를 초월하는 첨단건축공법의 비밀

　늦봄에서 초여름까지 첨성대와 계림 사이에 펼쳐진 연못에는

연꽃이 흐드러지게 만개한다. 사방으로 펼쳐진 연꽃의 바다에 빠지기라도 한 듯 사람들은 이곳을 떠날 줄 모른다.

원래 첨성대가 서 있는 곳도 연못이었다. 즉, 당시의 석축 장인들은 무게 250톤이나 되는 육중한 석조 건축물을 연못 위에 세운 것이다. 그러니 정말 이상한 일이다. 숱한 전쟁의 포화가 첨성대를 휩쓸고 지나갔고 특히 한국전쟁 당시에는 첨성대가 있는 곳으로부터 불과 2킬로 거리에 탱크와 군수물자 수송도로가 있었다. 탱크 한 대만 지나가도 마치 지진이 난 것처럼 땅이 흔들리는 곳에 있었음에도 불구하고 연못이 있던 땅에 세워진 첨성대는 1400년 동안 불과 6도 밖에는 기울어지지 않았다. 이 불가사의를 규명하기 위해 몇 차례에 걸쳐 전문가들에 의한 첨성대 지반 조사가 이루어졌다. 그 결과, 연못의 진흙과 부순 돌가루를 섞어 넣은 것이 발견됐다. 땅 속으로부터의 충격을 흡수하는 '쿠션기능'을 만드는 지반 공사가 이루어졌던 것이다.

그것은 바로 지진 때문이었다. 당시 지반구조상 일본 열도와 연결되던 경상북도에는 지진이 잦았다. 첨성대를 만든 장인들은 아름답게 쌓아 올린 첨성대가 지진으로 인해 무너지지 않도록 뻘의 고운 흙을 이용해 첨단 충격흡수공법을 도입한 것이다.

또한 외형적으로도 모양이 일그러지지 않도록 내부에도 놀라운 공법이 적용됐다. 첨성대는 12단까지는 일정한 크기의 원형이지만 그 위쪽으로는 점점 좁아지면서 병 모양으로 부드러운 곡선을 이루고 있다. 당대에 이런 곡선을 갖고 있는 건축물은 동서양을 막론하고 매우 보기 드물다. 그런데 이 반원형의 곡선을 천사 백 년 동안 유지해온 단순하면서도 기발한 비결이 첨성대 내부에 그대로 드러나 있다.

첨성대 내부의 절반은 흙으로 채워져 있다. 이 흙은 모래와 돌가루가 섞여 있어 배수기능이 그만이다. 한여름 장마철에 며칠씩 장대비가 와도 물이 고이거나 하는 일이 없을 뿐 아니라 한겨울에도 그 수분이 얼어서 터질 염려가 없다. 또한 내부의 위쪽은 바깥처럼 돌을 다듬지 않고 울퉁불퉁한 돌 끝을 그대로 사용했다. 얼핏 안쪽은 바깥쪽처럼 단장할 필요가 없어서 원석을 그대로 쓴 것처럼 보이지만 조사 결과, 첨성대 내부의 돌의 크기와 돌출 정도는 완벽한 원심력과 균형을 유지하는 수단임이 밝혀졌다. 인위적으로 돌들을 붙이지 않으면서도 아름다움과 견고함을 동시에 갖춘 놀라운 건축물. 가히 신라의 자존심을 대변할 만한 건축물이었던 것이다.

동양에서 가장 오래된 과학적인 천문대

보기에도 탁월한 아름다움을 가졌을 뿐 아니라 기능면에서도 첨성대는 자연의 흐름과 천체 변화를 잡아내는 천문학적 기능이 뛰어나다.

가장 중요한 것은 그 앉은자리다. 최근에는 주변에 많은 건물들이 들어섰지만 당시에는 첨성대 꼭대기에 오르면 보이는 것은 별들로 뒤덮인 하늘뿐이었다. 천문관측의 기준점인 북극성을 비롯해 다른 별자리를 자유롭게 관찰하는 데에는 도성 최고의 적지였다.

정자석은 신라의 자오선을 기준으로 정확하게 동서남북을 가리키고 있고, 정남향을 향해 난 창문에는 춘분과 추분 때마다 햇볕이 가득히 들어와 밖에서도 안을 훤히 볼 수 있었던 반면, 하지와 동지에는 단 한줄기의 볕도 들지 않는다. 창문 하나를 이용해 절기를 정확하게 측정하고 있는 것이다.

첨성대 기단은 정사각형인 반면 몸통은 원형이다. 이는 천원지방(天圓地方), 즉 땅은 네모나고 하늘은 둥글다는 당시 세계관을 상징한다. 몸 전체를 이루는 돌 362개는 1년을 상징하고 28층으로 쌓은 돌은 별자리 28수를 의미한다. 거기에 정자석까지 합하면 30이란 숫자가 된다. 이는 한 달을 상징하는 것이다. 가운데 정남향으로 난 창문을 기준으로 아래위로 쌓은 층수는 12. 이는 1년 12달과 24절기를 뜻한다.

돌 하나, 층수 하나까지 하늘과 절기를 구현해 놓은 이 치열함, 놀라우리만치 정확한 기하학적 공법으로 이루어진 반곡선의 불가사의한 아름다움 앞에 서 있노라면 선덕여왕에 대해 한없는 경외와 존경심을 갖게 된다.

한 치 앞을 예측할 수 없는 격동의 시대, 사방으로 적들에게 욱여쌈을 당한 작은 나라 신라였지만, 선덕여왕은 오늘을 보지 않았다. 전쟁 한 번이면 안개같이 사라질지도 모르는 상황에서도 선덕여왕은 첨성대를 세웠다. 그리고 그곳에 올라 하늘을 보았다. 하늘을 본다는 것은 미래를 본다는 것, 현실에 안주하지 말고 한반도의 통일된 자주독립국가 신라의 미래를 보고 나아가자는 것이었다. 첨성대는 백성과 부하들 그리고 더 나아가 시대를 치유하기 위한 선덕여왕의 목숨 건 선택이었다.

healing trak info

(성인 남성 75kg 기준/kcal)

코스	거리	난이도	시간	소모칼로리
선덕여왕릉~경주명활성	11 km	하	2시간	1323

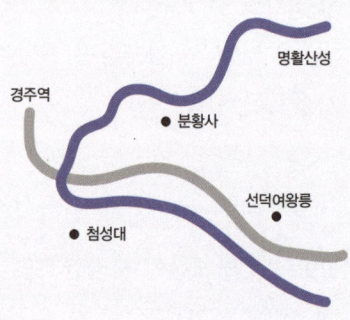

■ 첨성대(瞻星臺)

국보 제31호. 경상북도 경주시 인왕동 소재. 선덕여왕 때 축조된 천문대. 높이 9.17m. 모양은 원통형으로 남쪽 문에 사다리를 걸었던 자리가 있다. 30cm 높이의 돌 361개로 정자석까지 28단을 쌓아 올렸다. 내부는 제12단까지 흙이 차 있고, 꼭대기 정자석에 관측기구를 놓았던 것으로 추정하고 있다. 혼천의와 같은 관측기구를 정상에 설치하고 춘분·추분·동지·하지 등의 24절기를 별을 통하여 측정하였고, 정자석을 동서남북의 방위를 가리키는 기준으로 삼았던 것으로 보인다. 삼국유사에 사람이 첨성대를 오르내리며 별을 관측하였다는 기록이 현존 실물과 일치한다.

■ **선덕여왕**(생몰연대 미상/재위632~647)

신라 제27대 왕. 성은 김 씨이며 아버지는 진평왕이다. 632년에 왕위에 올라 16년 간 나라를 다스렸다. 법흥왕 무렵부터 성골만이 왕위를 계승하는 전통이 굳어져 성골 출신 왕자가 없었기 때문에 여인의 몸으로 왕위에 올랐다. 천성이 맑고 탁월한 예지력의 소유자로 군신들의 존경과 사랑을 받았다. 여인이라는 이유로 당나라의 계속적인 모욕과 내정간섭, 그리고 왕위 교체 등의 시도가 있었지만 결국 당나라의 도움을 이끌어내 신라의 안위를 단단히 했다. 김춘추, 김유신과 같은 인재를 등용하고 첨성대를 세워 민족의 자존감을 심어준 군주였으나 황룡사 건설과 같은 무리한 불사로 일으켜 반란을 유발, 목숨을 잃었다. 낭산 기슭에 묘가 있다.

사라진 시대와
다가올 시대를
위하여

김대성과 석굴암

토함산은 산 전체가 유적이라 불러야 할 만큼 종교·역사 유물로 가득하다. 경주 인근의 산 중에서 가장 높고 동해에서도 아주 가까워서 정신적으로나 군사적으로 매우 중요한 장소였기 때문이다. 어디 그뿐 인가. 토함산이라는 그 이름처럼, 마치 안개와 구름을 토하는 듯한 신비로운 풍광을 자랑한다. 한반도 8경 중 하나로 손꼽히는 토함산 일출은 오직 서라벌만을 위해 존재한다고 믿었던 고대 신라인들. 그들의 정신세계와 세계관을 한눈에 볼 수 있는 곳이 바로 이곳 토함산의 심장, 석굴암이다.

석굴암 보고 불국사 갈까, 불국사 보고 석굴암 갈까

　석굴암을 다녀온 사람 치고 특별한 감회가 없는 사람이 있을까. 목석이 아니고서야 석굴암에 관한 단상 하나가 없는 사람은 아마도 거의 없을 것이다. 석굴암의 모든 것은 처음 마주 서는 사람들의 뇌리에 마치 도장을 찍은 것처럼 선명한 인상을 남긴다. 신라인이 남긴 이 지고의 유산은 마주 선 사람이 누구이건, 어디에서 왔건 또 어떤 문화에서 살아왔건 상관없이, 그 무엇과도 비교할 수 없는 깊은 감동으로 다가온다. 가만히 보고 있노라면 벽 속의 부처들은 살아 움직이는 듯하고 지극한 정성과 치열한 정신으로 빚어낸 압도적인 아름다움은 수만 갈래로 갈라진 상처 받은 영혼을 보듬어 고요함으로 인도한다. 무엇보다 세상의 것이 아닌듯한 신비로운 정적은 마주 하고 있다는 사실 만으로도 위안과 충만함을 전해준다.

그 석굴암을 향해 올라가는 토함산 고갯길은 생애 한 번쯤은 걸어 올라가 볼 만한 길이다. 한 구비를 돌 때마다 발아래 굽이치는 절경에 절로 발길이 멎곤 하는 고갯길. 봄가을엔 짙은 안개로 뒤덮여 선계에 들어선 듯한 몽환적인 분위기를 자아내기도 한다. 대개 경주에 오면 불국사를 갔다가 다음 날 아침에 석굴암을 가는 경우가 많다. 저마다 사정이 있으니 어느 쪽을 먼저 가든 자유이지만 가능하다면 석굴암을 먼저 오르는 쪽을 권하고 싶다. 거기엔 그럴 만한 까닭이 있다.

석굴암을 오르는 가파른 고개 길. 그 길을 걷다 보면 자연스레 생각나는 얼굴이 있다. 석굴암과 불국사를 이 땅에 남기기 위해 자신의 일생을 바친 신라의 재상 김대성. 그에겐 다음과 같은 묘한 전설이 따라다닌다.

옛날 모량리라는 마을에 경조라는 가난한 여인이 살고 있었다. 이 여인에게는 대성이란 아들이 있었는데 너무 가난하여 아들은 마을의 부잣집에서 머슴살이를 했고 삯으로 초가삼간과 밭을 마련했다. 어느 날 점개라고 하는 스님이 복안에게 흥륜사 법회에 시주하기를 권하자 복안이 베 50 필을 바쳤다. 점개는 신도가 하나를 보시하면 만 배를 얻게 되고 안락과 장수를 누리게 될 것이라 축원하였다. 이 말을 들은 대성이 어머니에게 의논하고 밭을 흥륜사 법회에 보시하기로 하였다.

그 후 얼마 지나지 않아 대성이 죽었는데 그날 밤 신라 재상 상대등 김문량의 집에 "대성이라는 아이가 너의 집에 환생하리라" 하는 소리가 들리더니 이내 아내가 임신하여 낳았더니 왼손을 꼭 쥐고 펴지 않다가 7일 만에 폈는데 '대성'이라는 두 글자가 새겨진 쇠붙이가 있었다. 이에 아이 이름을 대성이라 하고 모량리에 사는 전생의 가난한 어머니도 김문량의 집에 데려오게 하여 편히 살게 하였다.

부잣집 아들로 다시 태어난 대성이 장성하여 하루는 토함산에 올라 곰을 잡았다. 꿈에 곰이 귀신으로 변해 원망하며 말하는데 "네가 나를 어찌 죽였더냐"하며 으르렁댔다. 두려움에 대성이 용서를 빌자 그 곰은 자신을 위해 절을 하나 지어달라 하였다. 잠에서 깬 대성은 크게 반성하고 이후 사냥을 그만두고 곰을 잡았던 자리에 장수사를 지었다. 이 일로 인하여 크게 깨달은 대성은 김문량 부모를 위해서는 불국사를 세우고, 모량리의 옛 어머니를 위해 석불사 곧 석굴암을 세웠다고 한다.

 이것이 삼국유사에 등장하는 김대성에 관한 기록이다. 사실은 전설이다. 전설은 백 퍼센트 믿을 수 없는 이야기다. 그런데 그 점이 우리를 혼란스럽게 한다. 그가 남겨준 불가사의한 아름다움의 석굴암과 불국사는 엄연히 존재하는 실재인데, 정작 김대성은 전생의 부모와 현세의 부모를 같이 모셨다는 '믿을 수도 안 믿을 수도 없는' 묘한 전설의 주인공으로 남아있기 때문이다. 그래서 우리는 이렇게 되묻게 된다. 그는 실제 인물일까. 만일 그렇다면 어쩌다 이런 전설을 달고 다니게 된 것일까.

김대성의 전설, 사실보다 더 감동적인 허구?

 김대성이 살았던 시대는 경덕왕 때다. 삼국통일 이후 혼란했던 신라는 경덕왕의 탁월한 치세로 안정을 되찾아가고 있었다. 단 한 가지 근심이 있다면, 그때까지도 신라사회에 정착하지 못한 고구려와 백제 유민들이 끈질기게 저항하고 있었다는 것이다. 그중에서도 백제 유민들의 저항은 역사서에 남을 정도로 꽤 조직적이고 빈번했다. 그때마다 신라 정부는 이들을 무력으로 강력하게 진압했다.

일러스트 김미영

그런데 김대성의 전설에 따르면, 바로 이런 시기에 그가 사냥을 즐기다가 토함산에서 곰을 죽였는데, 그 곰이 꿈속까지 나타나 김대성을 죽이겠다고 겁을 주었고 죄책감을 느낀 김대성이 곰을 위해 절을 세웠다는 것이다. 이 이야기는 대체 어디까지 믿어야 하는 것일까.

찬찬히 생각해보자. 전설의 주인공 김대성은 불국사를 지은 경덕왕대의 총리 김대정 일 것으로 추정되고 있다. 만일 김대정이라는 실존인물을 소재로 만들어진 전설이라면 실제 사실에 근거해서 만들어졌을 것이다. 그렇게 생각을 해보면 이상한 점이 한두 가지가 아니다.

가장 이상한 건 김대성이 곰을 죽인 것에 대해 죄책감을 느꼈다는 부분이다. 사냥이 합법적이었던 그 시절, 호랑이건 사자건

곰이건 무엇을 죽였건 간에 죄책감을 느낄 필요는 없다. 그런데 김대성은 왜 곰을 죽인 사실에 죄책감을 느낀 것일까. 혹시 곰을 죽여선 안 되는 이유라도 있었던 것일까.

바로 이 점에 대해서 석굴암 연구의 전문가 중 한 사람인 성낙주 씨는 다음과 같은 해석을 시도했다. 곰은 그 시대의 대표적인 토템, 즉 신앙의 대상이었다. 중국을 비롯한 아시아 전역에 곰 숭배 사상이 있었고 결정적으로 한반도에도 있었으니 그들이 바로 백제인이었다. 즉 김대성이 죽였다는 곰은 백제유민이었을 가능성이 높다는 것이다. 충분히 설득력 있는 주장이다.

실제로 총리였던 그는 정부의 고위 관료로서 백제 유민의 강경진압을 결코 반대할 수 없는 위치에 있었을 것이다. 아니, 자신의 명령으로 수많은 백제 유민이 죽는 일들이 일어났을 것이다. 소요의 종식을 위해 강경한 진압이 이루어졌고 그 가운데서 숱한 백제인들이 죽어가는 것을 보며 그가 죄책감을 느꼈을 가능성은 많다. 어쩌면 그는 이런 방법으로는 결코 그들이 통일 신라사회에 동화될 수 없다는 사실을 알았을지도 모른다.

이런 상상을 하면서 김대성 전설의 문을 다시 열고 들어가면 진히 뜻밖의 심대성이 다가온다. 그가 만일 총리이자 시대의 리더로서 신라 사회의 안정과 미래를 걱정하는 사람이었다면 그는 어떤 선택을 했을까. 당시 신라 정부는 그들을 품을 여력이 없었다. 경덕왕은 탁월한 군주였으나 천재지변과 거듭되는 역병으로 인해 치세를 비난하는 귀족들과의 줄다리기를 하는 것만으로도 벅찼다. 왕권의 명분을 위해 성덕대왕신종 제작 등 벌여놓은 불사도 한두 가지가 아니었다. 그러니 신라 사회 밑바닥에 있는 백제 유민들까지 보듬어 안을 여력은 없었을 것이다.

그렇다고 해서 거칠게 저항하는 백제 유민을 신라 정부가 정치적으로 용인해 줄 수도 없었다. 그러니 강경한 정치적 대응이 계속되고 백제유민의 희생과 반감도 날로 커져가고 있었을 것이다. 바로 그런 상황에서 그는 돌연 재상직에서 물러난다. 그리고 석굴암과 불국사 건설에 착수한다. 아마도 김대성의 전설은 그즈음 세간에 소문처럼 퍼지기 시작했을 것이다.

부잣집 아들로 다시 태어난 대성이 장성하여 하루는 토함산에 올라 곰을 잡았다. 꿈에 곰이 귀신으로 변해 원망하며 말하는데 "네가 나를 어찌 죽였더냐"하며 으르렁댔다. 두려움에 대성이 용서를 빌자 그 곰은 자신을 위해 절을 하나 지어달라 하였다. 잠에서 깬 대성은 크게 반성하고 이후 사냥을 그만두고 곰을 잡았던 자리에 장수사를 지었다. 이 일로 인하여 크게 깨달은 대성은 김문량 부모를 위해서는 불국사를 세우고, 모량리의 옛 어머니를 위해 석불사 곧 석굴암을 세웠다고 한다.

그가 실제로 윤회의 경험이 있는가 없는가, 그리고 꿈 이야기가 사실인가 아닌가는 중요하지 않다. 중요한 건 세상이 그 이야기를 믿게 했다는 것이다. 신라와 같은 신실한 불교 사회에서 전생의 부모와 현생의 부모에게 효를 다하기 위해 불사를 일으킨다는 것처럼 감동적인 코드는 없다. 그런 민심에 기대어 김대성과 그를 지지하는 이들이 백제 유민의 아픔을 달래는 '전생의 부모' 설화를, 함께 새 시대로 나아가자는 권유를 담아 '현생의 부모' 설화를 만들어 석굴암과 불국사를 지은 것은 아닐까.

어쩌면 당시 백제 유민도 눈치를 챘을 것이다. 왕이 개입을 했건 안 했건, 신라의 고위 관료인 김대성이 개인의 명예와 편한 삶을 버리고 자신의 모든 것을 던져 상처 받은 그들에게 화해의 손을 내밀고 있다는 것을. 김대성은 마치 전생의 부모를 그리듯, 멸망한 백제 왕조를 기리는 아름다운 석굴사원을 지어 백제 유민들의 아픔을 위로하고 미래의 신라를 위해 그들과 하나가 되기를 원했다. 시대의 불화를 치유하기 위해 한 인물이 자신을 내던지며 간설히 내미는 손을 보며 백제유민들의 마음은 어떠했을까. 석굴암은 뛰어난 조각가나 예술가의 건축적 유희가 아니다. 시대를 구하고자 하는 한 현자가 바친 필생의 헌사다.

석굴암 설계자에 관한 미스터리

이런 배경을 알고 석굴암에 가면 그저 탁월한 불교건축물이란 생각으로 바라보던 석굴암과는 전혀 다른 뭉클함이 다가온다. 그리고 그 내부에 들어설 수 없다는 것이 새삼 아쉬워지면서, 믿을 수 없으리만치 놀라운 솜씨로 빚어진 석굴암의 모든 것이 불가사의로 다가온다. 과연 이 모든 걸 김대성이 설계한 것일까.

석굴암을 연구한 이들 중에는 김대성 자신이 탁월한 조각가이자 설계자였을 것으로 추정하는 이들도 많다. 하지만 그는 귀족출신이었다. 그가 아무리 솜씨가 좋다고 해도, 신라에는 그 말고도 화강암 조각에 능숙한 장인들이 수없이 많았다. 아마도 김대성은 장인들을 설득해 그들이 생각하는 최상의 아름다움을 작품으로 남기도록 독려하는 리더였을 가능성이 높다.

그렇다면 설계는 그가 직접 한 것일까. 그가 건물의 쓰임새와 명분을 제공해 설계에 결정적인 역할을 했을 것은 분명하지만 그가 건축 전문가가 되어 설계를 했을지는 의문이다. 더구나 석굴암은 이전에는 보지 못했던 원형 건물이다. 석굴암 이전에 이에 근접한 건물은 첨성대가 유일하다. 첨성대나 석굴암은 한반도 고유의 건축물과는 전혀 그 흐름을 달리하는 기하학적 건축물이다. 그래서 신라 장인의 솜씨가 아니었을 것이라 보는 시각

들이 많다. 황룡사 탑도 백제 장인 아비지의 작품으로 전해지고 있다. 불국사의 석가탑 공사에도 아사달이란 백제 장인이 참여했다. 즉 역사의 중요한 순간마다 엄청난 불사를 일으키곤 했던 신라는 백제의 장인들까지 죽이지는 않았으며, 당연히 석굴암을 설계에도 신라 장인은 물론 백제 장인들의 손길이 닿았을 것이다.

그런데 그들 외에도 또 있었다. 1950년대 말, 불국사 터에서 로마 경교(네스토리안교)의 십자가가 발견됐다. 그리고 불국사 조성 당시 조각한 것으로 판명된 성모상도 출토됐다. 이는 600년대에 당나라에 들어온 로마 경교가 신라 사회에도 전래 됐을 가능성을 시사한다. 하지만 그것보다 더 중요한 사실은 어떻게 불교 유적인 불국사에서 경교의 유물들이 발견되었는가 하는 사실이다.

이 사실을 종교적인 면에서 보면 해답이 나오지 않는다. 그런데 석굴암의 건축 양식을 보면 의문의 일부가 풀린다. 석굴암의 설계가 신라 전통의 양식이 아니라는 건 전문가들이 다 공인하는 사실이다. 그런데 이 이국적인 첨성대의 건축양식은 경교를 탄생시킨 로마의 고대 건축 양식과 정확하게 일치한다. 즉, 첨성대 건축 설계 과정에서, 경교도이면서 로마의 건축기법을 아는 이들의 도움을 받았을 가능성을 말해준다.

실제로 당시 경덕왕과 같은 신라왕들은 국가 연구기관인 국학에 천문 박사와 산술 박사를 두고 첨단 학문 연구를 적극적으로 도왔다. 이를 위해 신라의 학자나 박사들도 당나라에 와 있던 서역의 학자들과 빈번하게 교류를 해야 했을 것이다. 고위관료였던 김대성이 서역의 첨단 과학 기술은 물론 건축 기술에 대해서도 익히 듣고 알고 있었던 것으로 보아 그들과 직접적인 교류가 있었을 가능성이 높다.

실제로 석굴암 곳곳에서 이 가능성을 말해주는 흥미로운 흔적들이 발견된다. 대표적인 것이 바로 전실 가장 안쪽에 새겨진 사천왕상이다. 상상속의 존재인 사천왕. 그들을 조각으로 구현해내는 것은 오직 화공의 상상력인데, 그들의 옷매무새가 고대 로마병정을 무척이나 닮았다. 어디 그뿐인가. 석굴암 내부에 새겨진 부처와 나한과 제자들의 얼굴도 서역인들과 흡사한 점이 많다. 그들을 본 적도 없는 신라의 화공들이 그려낸 얼굴이라기엔 불가사의한 우연의 일치다. 직접적이든 간접적이든 그들의 손길이 닿았다고 생각하는 편이 더 설득력 있다.

그렇다면 김대성은 이 석불 사원 안에 그가 간절히 바랬던 꿈을 그려낸 것인지도 모른다. 신라와 백제 장인들의 손길은 물론, 동서양의 건축기술까지 조화시킴으로써 신라가 더 넓은 세상, 더 먼 미래를 바라보기를, 그래서 통일 과정에서 빚어진 상처와 갈등의 시대를 통합하고 치유하는 진정한 통일국가가 되어, 동북아의 진정한 강자가 되기를 바랐는지도 모른다.

중생을 위한 부처의 방, 참회하는 영웅의 기도처

24년간, 석굴암과 불국사 건설에 자신의 모든 것을 쏟아부었던 김대성은 완공을 보지 못하고 세상을 떠났다. 〈삼국유사〉는 이에 대해 신라 정부가 공사를 마무리해서 완공했다고 기록하고 있다. 개인이 시작한 공사를 뒤늦게나마 국가에서 떠맡은 이유는 아마도 이 일이 김대성 개인의 불심을 자랑하기 위해서가 아니라 시대를 치유하기 위한 희생이었음을 뒤늦게나마 알게 된 때문은 아닐까.

그렇게 완성된 석굴암은 지금 같은 암자가 아니라 석굴사원이었다. 그래서 처음엔 석불사라 불렀다. 고대인들이 추구했던 이상향, 즉 절대자를 중심으로 한 절대 질서가 있는 공간이 이 작은 사원 안에 형상화되어 있다. 은은한 햇살을 받으며 석실 안에 앉아 있는 석가여래는 멀리서 보기만 해도 벌써 감동이 밀려온다. 그 앞에 서면 절대 침묵, 그 심연의 힘이 역동적인 동작보다도 훨씬 더 큰 힘이 있음을 느끼게 된다.

석굴암은 완벽한 기하학적 구조를 가진 것으로 이름이 높다.

10센티를 기준으로 할 때 1 밀리미터의 오차도 없는 완벽함을 자랑하는 석굴암은 천문 역술을 낳은 메소포타미아의 천문수학을 형상화한 작품으로도 널리 알려져 있다. 그런데 처음 이 석굴을 조사하던 사람들은 그 완벽함 안에 하나의 어긋남을 발견했다. 그 어긋남은 본존불의 앉은자리와 시선이다.

석굴암의 내부 바닥은 두 개의 큰 원을 그릴 때 하나는 부처의 자리이고 하나의 원은 덩그러니 비어 있다. 즉 부처는 그 돔의 한가운데 앉아 있지 않다. 그리고 본존불 뒤에 있는 광배의 움직임과 본존불의 시선의 각도를 면밀하게 분석한 결과, 전실 한가운데 약 170미터 정도 되는 대상이 섰을 때 비로소 내부의 기하학적 구조가 완성된다는 사실이 밝혀졌다. 그리고 그 대상은 바로 참회를 위해 본존불 앞에 선 사람일 것으로 추정했다. 즉, 석굴암은 죄 많은 인간이 부처 앞에 섰을 때 비로소 완성되는 부처의 방으로 설계된 것이다.

이 사실을 반증해주는 근거가 바로 석굴암 본존불, 석가여래가 앉은 방향이다. 석가여래인 북쪽을 등지고 남쪽을 보도록 앉히는 것이 가람배치의 기본이다. 그런데 이 석가여래는 서쪽을 등지고 동쪽을 향해 앉아 있다. 그런데 이렇게 앉은 부처는 단 하나, 서방정토 극락세계의 부처인 아미타여래다. 즉 통일의 과정에서 숱한 동족을 죽여야 했던 신라 지배계층을 극락세계로 인도해달라는 의미다.

김대성은 석굴암을 부처의 방으로 만들지 않았다. 절대 침묵의 부처는 그렇게 공간의 한편에 물러앉아 누군가를 기다리고 있는 것이다. 자신이 저지른 무서운 죄를 용서받기 위해, 혹은 지친 삶을 의지하기 위해 가난한 마음으로 부처 앞에 나아오는 가여운 중생, 그가 바로 이 석굴암의 주인인 것이다.

김대성 역시 그곳에서 아무 생각 없이 곰을 죽였던 자신의 죄를 회개했을 것이다. 그곳은 참회의 집이었다. 자비로운 부처 앞에 엎드려 역사의 불가피한 선택에 대해 참회하기를 원했던 신라 지배계층의 마음을 보여주는 부처의 방. 역사에서 사라져 간 아름다웠던 고구려와 백제 왕조의 넋을 위로하기 위한 부처의 방, 석굴암.

김대성은 알고 있었다. 석굴암에서의 참회와 화합이 이루어지지 않고서는, 불국사로 형상화된 통일신라는 불가능하다는 사실을. 그래서 진정한 불국의 역사로 달려가기 전 석굴암에서의 참회가 반드시 필요했던 것이다.

신라가 석굴암에서 불국사로 나아가는 길은 결코 쉽지 않았다. 김대성이 선 생애를 바쳤고 신라 지배계급이 겸손하게 그 뜻을 이어받았다. 그리고 마침내 고구려와 백제 유민들이 화해를 원하는 그 손을 잡았다면 불국사로 향하는 발길이 얼마나 가벼

웠을까. 그들의 마음을 안고 불국사로 들어서면 이전과는 완전히 다른 불국사, 통일신라가 만들어가고 싶었던 진정한 이상향이 보이기 시작하는 것이다.

그 위대한 하나 됨의 출발점인 석굴암은 오늘도 우리를 향해 문이 열려 있다. 비록 오랜 세월을 거쳐 오는 동안 석굴암에도 많은 생채기가 생겼다. 그러나 그런 상처에 집중하지 말고 그곳에서 드려졌던 가슴 뭉클한 고백들을 기억하자. 그 전실의 한가운데서 김대성이 마지막으로 드렸을 간절한 기도, 신라의 지배계층과 백제의 유민들이 드렸을 참회와 용서의 기도를 기억하자. 그렇게 역사를 이어간 영웅들의 기도처. 그 위대한 기도의 자리는 이제 나를 위한 공간이다.

healing trak info

(성인 남성 75kg 기준/kcal)

코스	거리	난이도	시간	소모칼로리
불국사주차장~추령고개	6.7 km	상	3시간20분	1,470

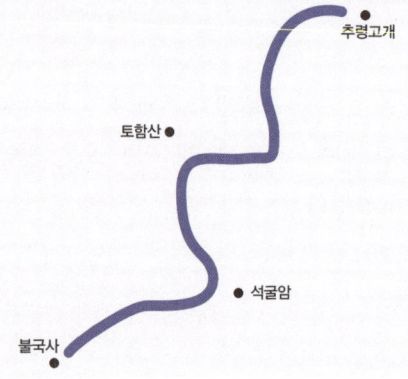

■ 석굴암(石窟庵)

국보 제24호. 경덕왕 10년(751)에 당시 재상이었던 김대성이 창건을 시작하여 혜공왕 10년(774)에 완성하였다. 토함산 중턱에 백색의 화강암을 이용하여 인위적으로 석굴을 만들고, 내부 공간에 본존불인 석가여래 불상을 중심으로 그 주위 벽면에 보살상 및 제자상과 역사상, 천왕상 등 총 40구의 불상을 조각했으나 지금은 38구만이 남아있다. 석굴암 석굴의 구조는 입구인 직사각형의 전실과 원형의 주실이 복도 역할을 하는 통로로 연결되어 있으며, 360여 개의 넓적한 돌로 원형 주실의 천장을 교묘하게 구축한 건축 기법은 세계에 유례가 없는 뛰어난 기술이다. 신라 불교예술의 전성기에 이룩된 최고 걸작으로 건축, 수리, 기하학, 종교, 예술 등이 유기적으로 결합되어 있어 더욱 돋보인다. 유네스코 세계문화유산이다.

©박영희, 불국사설경

■ 불국사(佛國寺)

사적 제502호 한국불교를 대표하는 사찰이자 유네스코 지정 세계문화유산. 남서쪽으로 경사가 있는 산기슭에 지형에 따라 석축을 가구식으로 조화롭게 쌓아 올리고 그 뒤로 정교한 다리와 짜임새 있는 가람 구성으로 이름 높다. 경덕왕 10년(751)에 중건을 시작, 혜공왕 때 완공 되었다고 한다. 석굴암과 함께 통일신라의 위용을 나타내고, 부처의 가르침을 바탕으로 하는 진정한 부처의 나라를 건설하고자 했던 신라 통치계급의 집념이 탁월한 디자인과 건축기법 속에 녹아 있다. 한국 사찰 중에 드물게 회랑을 가진 사찰로 부처를 불국의 왕으로 형상화한 점이 이채롭다. 석가탑과 다보탑을 비롯한 수많은 국보와 보물 이 있다.

종 하나 만드는 데 34년이나 걸린 이유

경덕왕과 네 명의 박사, 그리고 성덕대왕신종

어스름 저녁, 경주 박물관의 입구에 있는 성덕대왕신종과 마주 서면 애처로운 마음이 들 때가 있다. 종각도 잃고 세상에서 가장 아름답다는 그 소리마저 자유로이 낼 수 없는 종. 다행히 디지털의 기술 덕분에 그 신묘한 소리를 들을 수 있게 되어 여간 다행이 아니다. 그런데, 종소리를 들을 때마다 과연 이 종소리가 어린아이의 생명을 삼키고서야 만들어진 소리일까 하는 의문이 생긴다.

지금도 이 종을 찾아온 사람들은 해설을 하시는 분들로부터 이 소름 끼치는 이야기를 듣곤 한다. 그동안 수없이 많은 불교 신앙에 관한 전설과 야사를 들어왔지만 이 이야기처럼 자비로

운 부처의 나라와 동떨어진 얘기는 그리 많지 않다. 더구나 살아 있는 어린아이를 펄펄 끓는 쇳물에 넣어 죽여서 만든 소리를 듣고서 아름답다고 감동을 받는 사람이 과연 있을까. 에밀레 하는 소리가 엄마를 부르는 소리 같다는 말을 듣고서야 어떻게 그 소리에서 부처의 법열을 느낄 수 있겠는가.

실제로 이 이야기를 듣다가 조용히 자리를 뜨는 외국인들이 있다. 당황스러워하는 그들의 표정이나 눈빛으로 미루어보건대 그들에게 성덕대왕신종은 괴기스럽고 비인간적이고 미개한 고대 샤머니즘의 산물, 그 이상도 이하도 아니다. 과연 이 종과 마주 서서 나눌 이야기가 그것 밖에는 없는 것일까. 우리는 그저 오래된 전설 하나에 의지해 이 종을 에밀레종이라 불러왔다.

'신라 제35대 경덕왕이 봉덕사에 큰 종을 만들라고 명령했다. 부왕인 성덕대왕을 기릴 수 있도록 특별히 아름다운 종소리를 만들라고 명령했다. 신하들은 종을 잘 만들기로 이름난 일전이라는 사람을 찾아가서 그 일을 부탁했다. 일전은 공들여 종을 만들고 용이 구름을 타고 나는 무늬도 그려 넣었다. 마침내 종이 완성되자 경덕왕이 직접 종을 보러 나왔는데 아무리 종을 쳐도 종에서 소리가 나지 않았다. 그러자 경덕왕은 정성이 부족하니 더욱 정성껏 시주를 거두어 종을 만들라고 명령했다. 그리고 얼마

가지 않아 왕은 세상을 떴지만 봉덕사 스님들은 종 만드는 일을 계속했다. 하지만 종에서는 여전히 소리가 나지 않았다. 그러던 어느 날 주지 스님이 꿈을 꾸었는데 부처님이 나타나 '며칠 전 시주를 받으러 갔다가 그냥 돌아온 집의 아이를 바쳐야 된다'고 했다. 잠에서 깬 주지 스님은 시주할 게 아무것도 없다던 집 여인을 찾아가 꿈 얘기를 했고 그 여인은 한참을 서럽게 울다가 아이를 내놓고 말았다. 주지 스님은 데려온 아기를 펄펄 끓는 쇳물 속에 던져 넣었고 종이 완성되었는데 그 종소리가 맑고 아름답기 그지없었다. 그런데 이때 맑은 종소리 가운데 '에밀레, 에밀레' 하는 아기의 울음소리가 섞여 나왔다. 그 소리는 마치 아기가 자신의 어머니를 애타게 찾는 듯한 소리였다. 그래서 이 종을 '에밀레종'이라 불렀다⋯.

이 이야기에서도 나오듯 성덕대왕신종은 그 종소리가 신비롭고 아름답기로 유명하다. 일반 종들은 한번 종을 치면 그 소리가 10-20초 정도의 여운을 남기는데 반해 에밀레종은 평균 1분 이상 여운이 계속된다. 그런데 과연 이 소리가 죽은 어린아이의 힌맺힌 울음소리인 것일까.

1998년 국립경주박물관은 성덕대왕신종에 관한 학술조사를 실시했다. 당시 박물관측은 종 12군데에서 샘플을 채집해 포항

산업과학연구원에 성분분석을 의뢰했다. 당시 사용된 극미량 원석 분석기는 1000만 분의 1 단위의 미세한 성분까지도 분석해 낼 수 있는 시스템이었다. 그 성분기로 분석한 결과 뼈의 성분이 되는 인은 전혀 검출되지 않았다. 더구나 이 종이 만들어지기 이미 200여 년 전인 지증왕 3년, 순장이 공식적으로 금지됐다. 그런 신라사회에서 아무리 왕을 위한 종을 만든다고 해도 반인륜적이고 반불교적인 인신공양을 했다는 것은 믿기 어렵다.

 기술적으로도 인신공양은 종 제작에 치명적인 결점을 가져온다. 종은 규모가 큰 데다 매번 충격을 가해 소리를 내야 하기 때문에 기포가 생겨서는 안 된다. 불상은 기포가 있어도 칠을 하거나 금박을 입혀 얼마든지 사용할 수 있지만 종은 기포가 있을 경우 타종을 할 때 깨지기가 쉽다. 그래서 제작할 때 고도의 기술이 요구된다. 그런데 사람 몸의 80% 이상차지하고 있는 수분은 금속의 합금을 방해해서 기포를 만드는 결정적인 요인이다. 그래서 수분은 절대 금물! 이것은 종 주조의 기본 상식이고 당시 장인들이 이 사실을 몰랐을 리 없다. 그러니 정말 종을 만들기 위해서였다면 인신 공양을 했을 리는 만무한 것이다.

 문헌상으로도 의문의 여지가 많다. 에밀레종에 대한 가장 오래된 우리 기록은 1935년 간행된 조광 1호에 민속학자 송석하 선생이 쓴 것으로 함경도나 평안도 지방의 무당 노래에 에밀레종 전설과 비슷한 구절이 있으며, 그 외에는 구한말 외국 선교사들이 채집한 설화 채록 본에서 이 전설이 등장하나 이 역시 언제 시작되었는지 모르는 전설에 불과하다.

백번 양보해서 이 이야기가 종 제작 당시에 종의 신비성을 더하기 위해 만들어진 이야기일 가능성도 있다. 그렇다면 8세기 후반에 일어난 일이 왜 천년 넘도록 전혀 그 근거가 보이지 않다가 20세기 초반에 들어서야 나타나기 시작한 것일까. 일제강점기 때 출간된 자료들에서 비로소 보이기 시작한다는 사실에 주목할 필요가 있다. 실제 일본에는 비슷한 전설이 전해지고 있기도 하다. 이 기록들이 일제가 한반도의 역사와 문화에 관한 일제의 흠집 내기가 본격화된 그 시기에 나타났다는 사실을 좀 더 적극적으로 해석한다면 한민족의 우수성을 짓밟기 위해 의도적으로 유포된 거짓 이야기에 오래도록 속아온 것인지도 모른다.

성덕대왕신종 앞에서 나누고 싶은 진짜 이야기

우리가 아무 생각 없이 에밀레종이라 불러온 이 종의 정식 명칭은 성덕대왕신종(聖德大王神鍾)으로서 국보 제29호이다. 신라 경덕왕이 아버지인 성덕왕의 공덕을 기념하기 위해 종을 만들

라고 명령하면서 구리 12만 근을 하사했다. 그러나 그의 생전에는 그 뜻을 이루지 못하고 그의 아들 혜공왕이 771년에 완성하여 성덕대왕신종이라고 이름 붙였다. 아버지의 못다 한 효를 아들이 효심으로 완성한 감동적인 이야기를 가진 종이다.

종을 만든 장인들은 우리보다 1300년 앞서 이 도시에 살았고, 박 씨 성을 가졌으며, 종을 만들기 위해 34년이란 시간을 쏟아부었다. 신라의 문화대통령이란 평가를 받고 있는 경덕왕은 이 종 제작에 막대한 재원과 인력을 지원했다. 그런데 웬일인지 네 명의 장인은 경덕왕 생전에 종을 완성하지 못했다. 상식적으로 있을 수 없는 일이다. 대체 어떤 종을 만드느라 34년이나 걸렸을까.

무엇보다 이 장인들은 보통 장인들이 아니었다. 종 제작에 관한 한 당대 최고의 전문가인 '박사'들이었다. 국가의 전폭적인 지원을 받으며 시작된 일인데 신라 최고의 장인들이 왕이 세상을 떠날 때까지 종을 완성하지 못했다. 그냥 넘기기엔 너무도 이상한 일이다.

당시 신라에는 산마다 절집이 즐비했다. 청량산 하나에만도 천 개가 넘는 절집이 있었다는 기록도 있다. 그리고 어느 정도 규모를 갖춘 절집이라면 당연히 종이 있었을 것이다. 그러니 종을 만드는 장인들이 얼마나 많았을까. 실제로 신라의 종 제작기술은 중국에 견주어도 뒤지지 않을 만큼 뛰어났다. 그런데 신라 최고의 장인들이 이 종 하나를 만드는데 왜 34년이나 걸린 것일까.

그 의문을 풀어줄 실마리가 종에 새겨져 있다. 종의 표면을 자세히 보면 금방이라도 튀어나와 하늘로 날아갈 듯 아름다운 비천상과 진귀한 보상문 옆으로, 깨알 같은 글씨의 명문과 서문도 새겨져 있다. 모두 1037자나 되는데 그중에 서문은 성덕대왕의 공덕과 종 제작의 목적을 기록한 것이고 명문은 종 자체에 관한 일종의 제품 보증서다. 그런데 그 내용이 여간 이상하지가 않다.

경덕왕의 유언에 따라 숙원을 이루고자 유사(有司)는 주선(周旋)을 맡고, 종의 기술자는 설계하여 본을 만들었으니 이 해가 바로 혜공왕 7년(771년) 12월이었다. 이와 때를 같이하여 해와 달이 밤과 낮에 서로 빛을 빌리며, 음과 양이 서로 그 기를 조화하여 바람은 온화하고 하늘을 맑았다. 마침내 신종이 완성되니 그 모양은 마치 산과 같이 우뚝하고, 소리는 용음(龍吟)과 같았다. 메아리가 위로는 유정천(有頂天)인 색구경천(色究竟天)에까지 들리고, 밑으로는 무저(無底)의 가장 아래인 금륜제(金輪際)에까지 통하였다. 모양을 보는 자는 모두 신기하다 칭찬하고, 소리를 듣는 이는 복을 받았다. 신 필중(弼衆)은 옹졸하며 재주가 없으나 감히 왕명을 받들어 반초(班超)의 붓을 빌리고, 육좌(陸佐)의 말을 따라 혜공왕께서 원하시는 성스러운 지시에 따라 종명(鐘銘)을 짓게 되었다.

종을 제작하기 전에 써놓은 글인데 그 글에 이미 이 종이 신종, 즉 범상치 않은 종이라는 글이 나온다. 즉, 이들이 제작하고 싶었던 종은 평범한 종이 아니라 신종이라 불릴 만한 아주 특별한 종이었음을 알 수 있다. 그런데 그다음에 나오는 명문엔 더 이상한 구절이 등장한다.

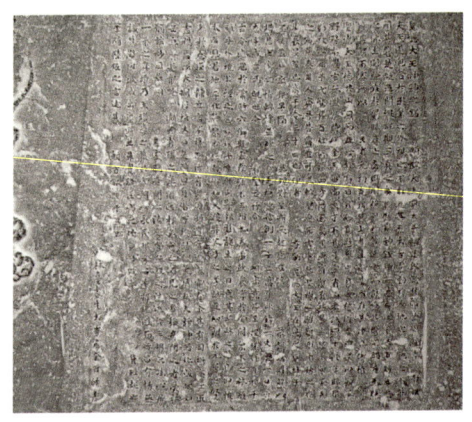

경덕 대왕 남긴 유언 깊이 새겨서 온갖 정성 기울여서 신종을 부어 천우신조 인력들이 함께 뭉쳐서 보배로운 종법기(鐘法器)가 이루어졌네!

일체 마귀(一切魔鬼) 남김없이 항복을 받고 고통받는 모든 어룡(魚龍) 구제(救齊)하니

종소리 웅장하여 양곡(暘谷)을 진동하고 맑고 맑은 메아리는 삭봉(朔峰)을 넘네

이 명문에 따르면, 이 종이 신종인 이유가 소리에 있음을 알 수 있다. 이 종소리에 일체 마귀들이 항복하고 고통받는 바닷속 생물들이 살아난다는 것이다. 이를 위해 그 소리는 웅장해서 양

곡을 진동하고 그 메아리가 삭봉을 넘도록 설계됐다. 즉, 처음부터 이런 소리가 나는 신종이라고 새겨 넣고 종을 주조했던 것이다. 그러니 이 서문과 명문에 걸맞은 소리가 나지 않으면 종을 만들어도 성공이라고 할 수가 없었던 것이다. 그러니 이 종 하나를 만들면서 얼마나 많이 만든 종을 다시 녹이고 다시 거푸집을 만들어서 쇳물 붓기를 반복했을까. 종에서 온 천하의 불법을 잠재우고 만천하를 울리는 천상의 소리가 날 때까지 그들은 그 일을 멈추지 않았던 것이다!

실제로 성덕대왕 신종의 종소리는 다른 종들에 비해 아름다울 뿐 아니라 여운이 길어서 멀리까지 들린다. 전문가들의 연구 결과 이 소리의 신비함은 주파수가 다른 두 개의 소리가 서로 어우러지면서 강약을 반복하는 독특한 맥놀이 현상이 발견돼, 세상을 놀라게 했다. 음향 과학자인 배명진 교수에 따르면, 보통 음파의 길이가 3-5미터인데 반해 성덕대왕신종의 소리는 음파의 평균 도달거리가 5-7미터라고 한다. 그런데 이 거리는 경주를 둘러싸고 있는 계곡과 능선의 거리와 일치한다. 그래서 소리가 산 능선을 넘어 멀리 퍼진다는 것이다. 정말 놀라운 원리가 아닐 수 없다.

물론 그들이 이 모든 원리를 알고 했을 가능성에 대해서는 어떤 근거도 남아 있지 않다. 그러나 백성을 평안케 하고 국가를 성장시킨 한 왕에 관한 기억을 이 아름다운 소리로 남기고자 했던 당대의 그 정신과 정성이 얼마나 지극했던지 그들도 모르는 사이에 천 년이란 시간마저 초월한 첨단 과학의 영역에까지 이른 것이다.

당시 종을 만든 기술자 4명은 모두 박 씨다. 가깝고 먼 차이는 있겠지만 이들은 일가였을 것이다. 어쩌면 이들도 34년간 대를 이어가며 가문의 소명으로 신종을 제작하진 않았을까. 소리에 관한 어떤 과학적 이론이 없었던 그 시대에 수많은 시행착오를 반복해가며, 네 명의 박 씨가 기어이 그 종소리를 만들어냈을 때, 그 감동은 어떠했을까.

밖으로는 강대국 당나라를 상대로 지혜로운 외교술을 발휘하고 안으로는 백성의 삶을 윤택하고 평안하게 했던 왕과 그 왕에 대한 효심으로 대를 이어 그 덕을 기리고자 했던 아버지와 아들, 그리고 그 왕의 뜻을 이어 거푸집과 종을 수없이 부수고 다시 녹이면서 마침내 세상에서 가장 아름다운 종소리 하나를 만들어 낸 장인 일가의 이야기…… 우리가 성덕대왕 신종 앞에서 기억해야 할 이야기는 바로 이런 것들이다.

■ **성덕대왕신종(聖德大王神鐘)**

국보 제29호. 높이 3.75m로 현존하는 종 중에 가장 크다. 신라 경덕왕이 아버지인 성덕왕의 공덕을 널리 알리기 위해 종을 만들려 했으나 뜻을 이루지 못하고, 그 아들 혜공왕 때 완성됨. 처음에 봉덕사에 달았다고 해서 봉덕사 종이라고도 한다. 종의 맨 위에는 소리의 울림을 도와주는 음통(音筒)이 있는데, 이것은 우리나라 동종에서만 찾아볼 수 있는 독특한 구조이다. 종을 매다는 고리 역할을 하는 용뉴는 용머리 모양이고 종 몸체에는 상하에 넓은 띠를 둘러 그 안에 꽃무늬를 새겨 넣었고, 종의 어깨 밑으로는 4곳에 연꽃 모양으로 돌출된 9개의 유두를 사각형의 유곽이 둘러싸고 있다. 표면에는 2쌍의 비천상과 종을 치는 부분인 당좌가 연꽃 모양으로 새겨져 있으며 몸통에 있는 1,000 여자의 명문은 문장과 새긴 수법이 탁월해 지금도 판독이 가능하다.

● 나음은 멈춤에서 시작된다
stop for healing

헌화가 獻花歌

자줏빛 바위가에
잡고 있는 암소 놓게 하시고,
나를 아니 부끄러워하시면
꽃을 꺾어 바치오리다.

작자 미상. 성덕왕 때의 노옹이라고만 전해져온다.
한 노인이 수로부인의 아름다움에 반해 꽃을 바치는 내용으로
아름다움을 위해 목숨을 걸 줄 알았던 노익장의 여유와 건강함을 통해
힘찬 신라의 기상을 역설적으로 엿보게 하는 향가

그곳에 가면
시간이
거꾸로 흐른다

남산

판타지 영화를 보면 종종 수소를 이용해 하늘을 날아다니는 풍선 모양의 비행선이 등장한다. 만일 나에게 그 풍선을 탈 기회가 있다면 가장 먼저 와보고 싶은 곳이 바로 경주 남산이다.

남산을 흔히 세계에서 가장 아름다운 노천 박물관이라고 말한다. 실제로 경주 남산은 불교의 발상지 인도나 현존하는 최고의 불교 도시인 티베트에서조차 볼 수 없는 거대한 부처의 나라다. 여의도의 약 5배 정도 되는 공간 안에 122곳의 절터와 80개의 석불, 61개의 석탑이 마치 누군가가 흩뿌려놓은 듯이 곳곳에 산재해 있다.

어디 그뿐인가. 남산은 신라 역사의 핵심적인 순간과 맞닿은

국보급 문화유산이 출토된 역사유적지이자 신라 역사의 처음과 끝을 장식한 곳이기도 하다. 시조 박혁거세가 태어났다는 나정과 신라의 종말을 가져온 포석정이 바로 남산 자락에 나란히 위치하고 있다. 이곳에서 불교를 찬란하게 꽃 피운 신라가 역사에서 사라진 지도 이미 천여 년의 시간이 흘렀다. 그 후로도 두 번이나 왕조가 바뀌었지만, 이곳 남산의 시계는 여전히 신라 때다.

세상에서 가장 아름다운 노천 불교박물관

몇 년 전만 해도 남산은, 어지간한 각오와 신실한 불심이 없이는 접근하기 어려운 난코스였다. 마치 서해안의 리아시스식 해안처럼 꼬불꼬불한 남산 길의 특성 때문에 단 몇 점의 문화재를 보기 위해서 수없이 산을 오르내려야 하는 불편함이 따랐다. 하지만 남산의 주요 산 능선을 잇는 둘레길이 완성되면서 많은 사람들이 찾는 명소로 변했다.

그런데 처음 남산을 찾는 이들 중에는 기대했던 것보다 훨씬 보존 상태가 좋지 않은 불상과 석탑을 보고 실망하는 이들이 꽤 된다. 오랜 세월에 걸쳐 숱한 사람들이 오가는 길에 들어선 탑과 불상들이 온전할 거라 기대한다는 것 자체가 불가능한 일인 줄

알면서도 굳이 이런 상태의 유물들을 보기 위해 남산을 올라야 하는 이유가 없다고 생각할 수 있기 때문이다. 더구나 탁월한 불교문화재가 즐비한 경주 시내를 돌다가 남산에 오른 사람이라면, 그 온전치 못한 불상과 석탑들을 마주하며 당황할 수밖에 없다.

그 대표적인 것이 삼릉 쪽에서 올라오는 길에 처음 만나는 석조여래좌상이다. 천년이 지난 지금도 선명한 옷 주름 속에서 빼어난 장인의 솜씨를 짐작케 하는 귀한 불상인데 정작 불상의 머리가 없다. 그런데 남산에는 이런 불상이나 석탑이 한두 개가 아니다. 그러다 '미스 신라'로 불리는 마애관음보살상이나 환상적인 불계의 극치를 보여주는 마애조상군 등 온전한 불상들을 만나면 여간 반가운 게 아니다. 역사의 풍랑 속에 굴곡진 불교사를 남산의 불상들이 반증하고 있는 듯하다.

남산에서 만나는 석탑의 백미는 용장사지 삼층석탑(보물 186호)이다. 발아래는 아찔한 절벽, 그곳에서 남산을 굽어보며 하늘과 머리를 맞대고 있는 석탑의 맑은 자태에 눈앞이 아득해진다. 위대한 예술품일수록 장인의 솜씨보다는 정신적인 충족감이 먼저 다가오는 법. 용장사지 삼층석탑도 그런 예술품이다. 한숨 돌리고 찬찬히 보면 빼어난 석공의 솜씨가 느껴지지만 마주 대하는 첫 순간은 아찔한 느낌과 함께 석탑이 아닌 살아있는 불상처럼 다가오는 듯한 착각을 일으킨다.

하지만 그것만으로는 위로가 되지 않는다. 특히나 남산의 자연이 눈부시게 아름다울 때면 아쉬움이 더하다. 이른 봄 메마른 나뭇가지를 뚫고 새순이 올라올 때, 한여름 장쾌한 장대비가 온 산을 흠뻑 적실 때, 단풍이 흐드러진 계곡에 만추의 황홀한 석양이 드리워지고 눈으로 뒤덮인 신비로운 설경에 숨이 막힐 때면, 부서지고 무너진 불상과 석탑이 더욱 슬픈 잔상으로 다가온다.

이름 없는 백성들의 수호신, 바위 속 부처의 전설

그러다 문득 신선이 내려왔다는 금오산에 오르면 수려한 남산 전경이 눈에 들어온다. 마음을 무겁게 했던 불상과 석탑들이 발아래 깨알처럼 멀어지고, 아름다웠을 부처의 나라 남산의 심장부가 눈앞에 펼쳐진다. 그렇다. 천 년 전 이곳은 사뭇 달랐을 것이다. 그때 이곳 남산의 하루는 어땠을까.

남아 있는 유적을 분석한 결과, 당시 남산에 올랐던 사람은 위로는 왕으로부터 백성까지, 승려는 물론 장수에 이르기까지 서라벌 일대의 모든 계층의 사람들이었던 것으로 나타났다. 경사스러운 일이 생기면 남산에 올라 작은 불상을 세우고 아무에게도 말 못 할 슬픔과 소원이 있을 때에도 남산의 이름 없는 바위에 불상을 새겨 넣으며 기도했다. 웅대한 꿈을 향해 나아가기 전 남산의 작은 절집에 올라 부처와 대화를 하고, 불상에 차 한 잔을 올리며 존재의 무상함을 겸손하게 고백했다.

그런 남산에는 계곡마다 절집의 종소리가 덩그렁 덩그렁 울려 퍼지고, 예불을 드리는 수도자들의 맑은 목소리가 시냇물처럼 행인의 마음을 시원하게 했을 것이다. 산모퉁이를 돌 때마다 천태만상의 표정을 한 돌부처들이 얼굴을 내밀고, 크고 작은 탑들은 상하고 지친 마음을 안고 오른 이들에게 잠시 기대어 쉴 곳과 시원한 그늘을 만들어주었을 것이다.

어쩌다 불상에 차를 올리는 스님을 만나면 잠시 마주 앉아 삶을 나누고, 운이 좋아 고승이라도 만나면 눈앞에 닥친 위험을 모면할 방책을 얻기도 했을 것이다. 아니 그 모든 것이 아니어도, 오랜 세월 수많은 사람의 소원과 기도가 쌓인 탑과 불상들을 보며 걷는 산행 한 번이면, 어느샌가 또 하루를 살아갈 기운을 얻고 있는 자신을 발견했을 것이다. 그렇게 수많은 사람들의 소망이 모여 삶에 지친 한 사람 한 사람을 보듬어 안고 위로했던 곳이 바로 남산이다.

누구보다도 이름 없는 백성들에게 남산은 부모 같은, 거대한 부처와 같은 곳이었다. 남산에 관한 설화속에서도 부처들은 늘

이름 없는 백성들의 모습으로 나타나 그들을 멸시하는 권세 있는 자들의 오만함을 꾸짖는 내용으로 가득하다.

> 하루는 비파 바위의 부처님이 망덕사의 낙성식에 누추한 옷차림으로 참석했다. 왕이 그 누추함을 업신여기자 부처님이 왕을 꾸짖고는 진신 석가의 모습으로 바뀌어 홀연히 남산 바위 속으로 숨어버렸다….
> 세속적인 부와 재미에 취해 살던 경흥 국사라는 승려 앞에 문수보살이 누추한 승복을 입고 광주리에 물고기를 담아 들고 나타나자 그 제자가 흉을 보았다. 그러자 문수보살은 경흥 국사를 크게 꾸짖고는 남산의 바위로 되돌아갔다.

이런 얘기들은 결국 가난한 백성들을 부처 대하듯 대하며 선행을 베풀라는 자비의 가르침을 반영하고 있다. 그래서 권세 있는 자, 존경받는 지식인들이 잘못을 저지를 때는 남산 바위 속에 사는 부처들이 내려와 호되게 꾸짖거나 가르침을 주고는 다시 바위로 들어간다고 믿었다.

그런 남산의 부처들이 백성들에겐 얼마나 큰 위안이었을까. 말로는 백성을 위한다 하면서도 위정자들은 백성을 권력을 유지하는 수단으로 이용하거나 착취대상 혹은 총알받이로 여기기

일쑤였다. 그런 시대에 힘없는 백성들에게 바위마다 부처가 살고, 계곡마다 수많은 이들의 기도와 소원이 쌓여 있는 남산은 얼마나 따뜻한 품이었을까.

　부서지고 무너진 불상과 석탑은 역사 속에서 이름 없이 외면당하고 쓰러져간 약자들의 모습을 반영하고 있다. 그 앞에서 아픔을 토로하고 소원을 비는 그들의 기도소리를 들을 수 있다면, 그리고 당시의 권력가들처럼 약자들의 영혼이 아닌 그들의 스펙이나 외모만을 보고 판단했던 자신을 되돌아볼 수 있다면, 남산으로의 여행은 경주의 눈부신 어떤 유적을 만난 것보다 의미 있는 기억으로 남을 것이다.

healing trak info

(성인 남성 75kg 기준/kcal)

코스	거리	난이도	시간	소모칼로리
삼릉주차장~용장주차장	6.5 km	상	3시간20분	1470
부처골~신선암	14 km	중	5시간30분	1617

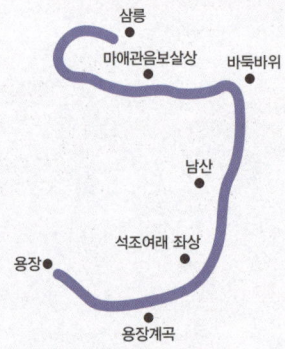

■ 삼릉계곡 마애석가여래좌상

지방 유형문화재 제158호. 거대한 암반에 6미터 높이로 양각된 불상. 남산에서 두 번째로 큰 불상이다. 짧은 목에 삼도는 없고, 건장한 신체는 네모난 얼굴과 잘 어울린다. 오른손은 설법인, 왼손은 손바닥을 위로하여 결가부좌한 다리 위에 올려놓았다. 불상의 몸 부분은 거칠고 억세게 선각하였고, 좌대 부분은 오랜 세월에 문양이 사라진 듯하다. 전체적으로는 마치 부처가 바위 속에서 나오는 듯한 느낌이다. 입체감이 없는 신체표현, 힘이 빠진 옷 주름 선 등이 9세기의 대표적인 양식을 보여준다.

■ 삼릉계곡 마애관음보살상

지방 유형문화재 제19호. 머리 없는 여래상의 북쪽에 있는 바위 가운데서 관세음보살입상 하나가 빙그레 웃고 있다. 둥그런 얼굴에 미소가 가득해 '미스 신라'라는 별명을 얻었다. 발가락 끝까지 섬세하게 조각되어 생생함을 더한다. 주변 지형으로 볼 때 처음부터 노천불로 조각된 것으로 보인다. 가을철 석양 무렵이면 불상의 미소가 가장 그윽하다. 높이는 1.5미터 남짓. 9세기 조성된 것으로 보인다.

■ 삼릉계곡 선각육존불

지방 유형문화재 제21호. 동서로 펼쳐진 넓은 바위 면에 선각(線刻)으로 새겨져 있는 한 폭의 회화를 보는 듯한 느낌을 준다. 동쪽 바위에는 석가모니 삼존불을, 서쪽에는 아미타 삼존불을 새겨 현생과 내생을 표현했다. 특히 아미타불의 수인이 독특하다. 오른쪽에 있는 보살상의 연화좌대를 생략해 이 역시 바위 속에서 부처가 나오는 듯한 형상이다. 바위 앞면에 많은 기와 조각이 발견되는 것으로 보아 전실이 있었던 것으로 보인다. 9세기에 조성된 것으로 보인다.

■ 용장사곡 석조여래좌상

보물 제187호. 용장사지의 동쪽 등성이에 있으며 우리나라에서 유례가 없는 삼륜의 대좌에 머리가 없는 좌불이다. 자연석의 윗면만 고르게 한 지대석이 곧 기단이다. 삼국유사에 의하면 옛날 용장사에 고승 대현이 있었는데 그 절에는 미륵 장륙 석상이 있어, 그가 기도를 하면 미륵부처가 고개를 돌려 그를 보았다는 이야기가 전한다. 그 전설의 미륵불이라고 믿어져 왔다.

■ 용장사곡 삼층석탑

보물 제186호. 용장사지 동편 능선 위에 자리하여 계곡 어디에서나 볼 수 있다. 현재 3층 옥개석까지 남아있는데 높이가 4.5미터이다. 멀리서 보면 마치 높이 350m 가량 되는 산의 바위 전체를 하층 기단으로 삼은 듯해 자연과 조화를 잘 이루고 있다. 마치 수미산 꼭대기 도리천에 탑을 세운 듯한 느낌을 준다. 1924년에 쓰러져 있던 것을 복원하였는데 2층 옥신 상부에서 네모난 사리공이 확인되었다. 탑 옆에서 보는 경관도 장관이지만 내려가는 길에 탑을 올려다보면 또 다른 감동을 느낄 수 있다. 8세기 후반에 조성된 것으로 보인다.

■ 칠불암 마애불상군

보물 제200호. 동남산에서 가장 깊은 봉화골에 있다. 남산의 불교유적 중 가장 규모가 크고 솜씨가 뛰어나다. 신라시대 것으로 보이는 이 불상이 있어 후에 사람들이 암자를 짓고 칠불암이라 부르고는 있지만 원래 사찰 이름은 아니다. 근처에서 화려하고 힘찬 필체로 무늬를 새겨 넣은 기와며 귀인들의 병이 나았다는 비석의 기록들로 보아 상당한 규모의 사찰이 있었음을 짐작케 한다. 이 바위의 네 면에 여래상을 새겼으니 사불이고, 높이 5m, 너비 8m의 바위에 삼존불을 새겨 합해서 칠불이다. 규모나 조각 솜씨에 있어서 남산 불상 중 으뜸으로 꼽힌다. 신라불교미술의 최전성기인 8세기 초기의 작품이다.

■ 탑골 부처바위 마애조상군

보물 제201호. 탑곡 마애조상군이라고도 불린다. 동남산 탑골 옥룡암 뒤의 거대한 바위에 조성됐다. 높이 10미터 둘레 약 40미터나 되는 바위에 사방으로 돌아가면서 부처를 새겨 넣어 만다라적인 기법으로 환상적인 부처의 나라를 구현했다. 오래전 이곳에서 신인사(神印寺)란 명문이 새겨진 기와가 출토됨으로써 이 일대가 통일신라시대 신인사가 있던 곳으로 추정되고 있다. 신인사는 명랑(明朗) 법사가 딩나라의 군사들 몰아내기 위하여 건립한 사찰로, 만다라 기법으로 불상을 새기는 것은 신인종(神印宗) 계통 사찰의 특징이다. 바위 남쪽에는 삼층석탑 1기가 우뚝 서 있다.

©권영만, 남산의 삼릉숲

문무왕의 비상계엄령 '내 시신을 화장하라'

대왕암과 능지탑

양북면 감포 앞바다는 사람들이 즐겨 찾는 명소 중의 하나다. 문무왕의 수중릉으로 알려진 대왕암을 보러 오는 것이다. 대왕암의 등장은 문무왕의 유언에서 비롯됐다.

> 헛되이 재물을 낭비하는 것은 역사서의 비방 거리가 될 것이요, 헛되이 사름을 수고롭게 한다 해서 혼백을 구제할 수는 없을 것이니 이는 내가 원하는 바가 아니다. 숨을 거둔 열흘 후 바깥뜰 창고 앞에서 나의 시체를 불교의 법식에 따라 화장하되 장례의 절차는 철저히 검소하게 하라. 〈삼국사기〉

또한 문무왕은 살아생전에 이런 말을 하곤 했다.

나는 죽어서 용이 될 것이다. 그래서 나라를 수호할 것이다.
〈삼국유사〉

그래서 태자와 신하들은 그의 유언에 따라 화장을 한 뒤 그 유골을 대왕암 일대에 뿌렸다. 아들 신문왕은 용이 된 아버지를 위해 감은사를 조성하고 용이 다닐 수 있는 물길을 만들었다. 이 기록으로 인해 문무왕은 신라역사상 가장 드라마틱한 이야기의 주인공으로 기억되고 있다.

삼국통일의 전쟁터에서 살아온 냉철한 지략가

하지만 문무왕의 존재는 그의 아버지인 태종무열왕이란 걸출한 영웅으로 인해 다분히 그 빛을 잃은 게 사실이다. 태종무열왕은 성골이 아니면서 신라의 왕이 된 인물이다. 진골 출신임에도 그가 태종무열이라는 엄청난 시호를 갖게 된 것은 삼국통일을 이룬 군주이기 때문이다. 삼국통일의 또 다른 주역인 김유신은 왕실의 피가 전혀 섞이지 않았음에도 불구하고 왕의 칭호를 얻었다. 그만큼 삼국통일은 신라 역사에서 가장 높이 평가받는 위업이다. 그런데 이 두 사람의 위업으로 기억되고 있는 삼국통일 과정에는 또 한 사람의 영웅이 있었다. 그가 바로 문무왕이다.

문무왕은 661년에 왕위에 올랐다. 이 때는 신라가 백제를 멸망시킨 그 이듬해다. 그런데 문무왕이 왕위에 올랐다는 건 다시 말해 아버지 태종무열왕이 세상을 떠났다는 것을 의미한다. 즉, 삼국통일의 주역으로 손꼽히고 있는 태종무열왕은 삼국통일의 첫 출발점인 백제 멸망 후 세상을 떠났던 것이다.

실제로 백제와의 전투를 이끈 사람도 태종무열왕이 아니라 김유신과 왕자 시절의 문무왕이었다. 그리고 8년 뒤인 668년 고구려를 멸망시키고 삼국을 통일한다. 하지만 그때까진 완벽한 통일이라고 할 수 없었다. 당나라가 여전히 한반도에 대한 강력한 통치권을 행사하고 있었기 때문이다. 그런데 바로 그즈음 문무왕에겐 아버지나 다름없었던 외삼촌 김유신마저 세상을 떠난다. 그때가 673년. 혼자 남은 문무왕이 3년 뒤 당나라를 몰아냈다. 김춘추와 김유신이 시작한 삼국통일의 위업을 완성한 사람이 바로 문무왕이었던 것이다.

그의 시호가 말해주듯, 그는 탁월한 군주이자 전쟁에서 잔뼈가 굵은 노련한 장수이기도 했다. 즉, 문무를 겸비한 리더였다. 어릴 적부터 화랑이자 왕자였던 그는 삼국을 통일하기 위해 당나라를 끌어들였던 아버지와 숙부의 전략을 알고 있었고, 이민족의 힘을 빌어 대륙을 호령하던 대국 고구려를 멸망시켜야 하는 비극적인 전쟁도 겪었다. 당나라마저 두려워했던 아버지와 숙부가 모두 세상을 떠난 뒤 홀로 당나라군을 물리치고 진정한 삼국 통일의 위업을 달성하는 과정에서 누구보다도 냉철하게 생각하고 행동해야만 하는 군주였다.

서라벌의 심장에 조성한 왕릉급 화장터의 진실

그런 그가 죽기 전 유언을 남기면서 자신의 시체를 불교식으로 화장하라는 유언을 남겼다. 마치 신실한 불자임을 과시라도 하듯이. 그때까지 왕의 시신을 화장한 사례는 없었다. 왕은 거대한 왕릉을 조성해 매장하는 것이 신라 왕실의 전통이었다. 그럼에도 불구하고 그는 허세를 피하고 백성들의 수고를 덜어주기 위해서라는 이유 등을 붙여 화장을 명령했다.

그런데 그때는 힘겹게 당나라를 물리친 뒤 불과 5년밖에 되지 않은 시점이었다. 당시 신라는 통일 후유증으로 혼란한 상태였다. 고구려와 백제 유민들은 끊임없이 무력으로 저항하며 독립을 요구했고, 오랜 전쟁으로 지친 백성들은 승리감에 취해 있었

ⓒ이정식, 능지탑

다. 그런 상황에서 그가 갑자기 병이 들어 죽을 날만 바라보게 된 것이었다. 이대로 죽고 나면 평생을 바쳐 세운 통일의 위업이 한순간에 물거품이 될 수도 있는 상황에서 그가 내린 결론이 화장이었다. 그것은 정말 허례허식을 피하기 위한 목적뿐이었을까.

경주 시내 한가운데 위치한 낭산은 풍수지리상 왕도 서라벌의 자궁과 같은 곳이자 선덕여왕의 묘가 들어선 왕릉 지지이기도 하다. 그런데 이곳에 묘하게 생긴 건축물이 있다. 능지탑이라 불리는 이 유적은 다름 아닌 문무왕의 화장터다.

위대한 여왕의 묘를 쓴 왕릉지지에서 화장을 한 것도 이상한데 화장터의 모양이 탑처럼 생겼다. 장방형의 탑 둘레는 웬만한 신라 왕릉만큼 크고 화장 당시 조성했을 12 지신상은 비슷한 시기에 조성된 김유신의 묘에 새겨진 12 지신상보다 더 탁월한 솜씨에 상태도 선명하다.

자신의 죽음을 호국의 제단 위에 뿌린 참 군주

왕은 분명 검소하게 장례를 치르라고 했는데, 태자와 신하들은 경주 한복판에 있는 왕릉 지지, 그것도 서라벌의 자궁으로 불리는 낭산에 거대한 화장터를 만들고 왕의 시신을 불태운 것이다. 아마도 당시 서라벌에 살고 있던 백관과 군사들은 물론 평민들까지 이 장면을 지켜보았을 것이다. 외적이 또다시 쳐들어올 것이 염려되어 조상과 나란히 묻히기를 거부한 왕. 백성들이 어버이처럼 따르던 통일 군주 문무왕이 한 줌의 재로 변하는 것을 보는 백성들의 심정은 어떠했을까. 그리고 이 소식을 전해들은 당나라의 반응은 어땠을까.

문무왕은 재위 기간 동안 이런저런 핑계를 대면서 당나라와 외교관계를 맺지 않았다. 역대 어느 왕보다도 당나라를 잘 아는 문무왕. 호시탐탐 한반도를 복속시키기 위해 기회를 엿보고 있는 당 고종의 속셈을 잘 알고 있었기에 민간 차원의 교역은 허용하면서도 당나라가 원하는 굴욕적인 외교관계는 끝까지 거부했다. 당나라에게 문무왕은 눈엣가시 같은 존재였다. 그래서 문무왕을 제거하고 동생인 김인문을 왕으로 세우려고까지 했었다. 그러나 이를 눈치챈 문무왕이 동생 인문에게 높은 벼슬을 주며 회유하는 바람에 계획은 수포로 돌아가고 말았다. 그런 당나라였으니 문무왕이 죽었을 때 얼마나 좋아했을까. 이번에야말로 신라를 속국으로 만들 절호의 기회라 여겼을 것이다.

그런 당나라의 속셈을 모를 리 없었던 문무왕은 용왕이 되어서 외적을 지킬 테니 시신을 화장하라는 비장한 유언을 남김으로써 백성들의 반당 감정과 경계심을 부추겼다. 마치 당나라와 전투를 치르듯 자신의 죽음마저 전략적으로 이용했을 가능성이 짙다. 그 사실을 입증이라도 하듯, 이후 신라를 향한 당나라의 외교 압력은 주춤해졌다. 그 사이 고종이 병들고 측천무후의 섭정이 시작되면서 주변국들의 잦은 소요가 끊이질 않았다. 신문왕 말엽에는 발해까지 등장, 사실상 당나라는 한반도에 신경을 쓸 여유조차 없는 상황이 되고 만다. 그렇게 신라는 위기상황을 무사히 넘긴 것이다.

한 나라를 세우는 데에는 오랜 시간과 많은 사람들의 노력이 필요한 반면, 망하는 것은 한순간이다. 그 때문에 군주에게는 결정적인 위기를 넘기는 탁월한 지혜와 결단이 필요하다. 한반도의 통일국가로서 당나라와 굴욕적인 주종관계는 지속하지 않겠다고 결단하고 이를 죽을 때까지 결연하게 행동에 옮긴 문무왕.

그의 뜨거운 심장과 만나고 싶다면, 그리고 시대와 나라를 위해 냉철한 군주의 길을 걸어간 그의 리더십을 제대로 읽고 싶다면 감포 앞바다로 가기 전 낭산 능지탑에 잠시 머물러 보는 것은 어떨까.

healing trak info

(성인 남성 75kg 기준/kcal)

코스	거리	난이도	시간	소모칼로리
불국사주차장~추령고개	6.7 km	상	3시간20분	1,470

■ 문무대왕릉(文武大王陵)

사적 제158호 삼국통일을 완성한 신라 제 30대 문무왕(文武王)의 수중릉으로 대왕암이라고도 한다. 문무왕은 아버지인 태종무열왕의 업적을 이어받아 고구려를 멸망시키고, 당의 침략을 막아 삼국통일을 완수했다. 문무왕은 통일 후 불안정한 국가의 안위를 위해 죽어서도 국가를 지킬 뜻을 가졌다. 유언으로, "내가 죽으면 화장하여 동해에 장례 하라. 그러면 동해의 호국용이 되어 신라를 보호하리라"라고 하였다. 이에 따라 유해를 육지에서 화장하여 동해의 대왕암 일대에 뿌리고 대석에 장례를 치렀다. 사람들은 왕의 유언을 믿어 그 대석을 대왕암이라고 불렀다. 대왕암은 육지에서 불과 200여 미터 떨어진 가까운 바다에 있다.

■ 낭산

경상북도 경주시 보문동에 있는 산. 사적 제163호. 보문동, 구황동, 배반동의 3개 동에 이어져 남북으로 장축을 이룬 야산으로 신라시대에는 3사 가운데 대사를 받들던 중악으로, 서라벌의 진산이었다. 거문고의 명인 백결 선생이 살았고, 대문장가 최치원이 공부하던 독서당이 있었다고 전해진다. 신라인들은 이곳을 불국토의 중심인 수미산이라 여기는 신앙이 있었다. 도리천에 묻어달라는 선덕여왕의 유언에 따라 이곳에 왕릉을 조성했다.

■ 능지탑지(陵只塔址)

경상북도기념물 제34호. 문무왕의 화장터. 한국전쟁때 폭격으로 붕괴됐으나 1969년 이후의 발굴조사를 통해 문무왕의 화장터라는 사실과 원래 목조건물이었던 것이 후대에 석축으로 보완한 사실이 알려졌다. 왕릉의 상징인 12 지신상을 배치한 것으로 보아 화장으로 인해 무덤이 없는 왕을 기리기 위해 화장터를 왕릉급으로 조성했던 것으로 추측된다.

신문왕의 만파식적을 찾아서

감포에서 용연까지

모차르트의 오페라 〈요술피리〉에는 '듣는 사람을 즐겁게 만들어주는' 요술피리가 등장한다. 처음에는 사람을 즐겁게 하는 소리를 요술이라고까지 할 필요가 있을까 생각하지만 스토리가 진행되면서 그것이 얼마나 엄청난 마법 같은 힘인지 드라마틱하게 전개된다. 이 오페라를 통해서 모차르트는 마법과도 같은 음악의 힘을 증명한다. 실제로 음악에는 그런 힘이 있어서 임상 치료에 사용된 역사 또한 길다. 신라에도 그런 요술피리가 있었다. 이름하여 만파식적이다.

영웅들의 시대가 지난 뒤, 왕에게 전해진 기쁜 소식

만파식적을 찾아가는 길, 그 길에서 우리는 신문왕을 만난다. 태종무열왕으로부터 시작된 통일신라 탄생의 찬란한 불꽃은 문무왕 시대와 함께 명멸해가고, 이제 신문왕은 선조들이 물려준 대국을 이끌어가야 하는 엄청난 부담을 안고 즉위했다. 영웅들이 지나간 자리, 쓸쓸하기 짝이 없는 그즈음에 왕에겐 상서로운 소식이 전해진다. 아버지의 유해를 뿌렸던 그 동해바다에 이상한 섬이 떠올랐다는 것이다. 이야기를 전해 들은 신문왕은 단걸음에 감포 앞바다까지 달려와 이견대에 오른다. 이 바다는 아버지 문무왕의 혼이 머무는 곳, 죽어서도 용왕이 되어 나라를 지키겠다 했던 아버지를 만날까 하여 달려온 것이다. 삼국유사는 당시 상황을 이렇게 기록하고 있다.

> 신라 제31대 신문왕(神文王)이 아버지 문무왕(文武王)을 위하여 동해변에 감은사(感恩寺)를 지었는데 죽어서 해룡(海龍)이 된 문무왕과 천신(天神)이 된 김유신(金庾信)이 용을 시켜 동해(東海)의 한 섬에 대나무를 보냈다. 이 대나무는 낮에는 갈라져 두 개가 되고 밤이면 합해서 하나가 됐다. 신문왕이 이 기이한 소식을 듣고 현장에 왔다. 이때 바다에서 용이 나타나므로 대나무에 대해

서 묻자 '한 손으로는 어느 소리도 낼 수 없으나 두 손이 마주치면 능히 소리가 나는지라, 이 대도 역시 합한 후에야 소리가 나는 것이요… 이 성음(聲音)의 이치로 천하의 보배가 될 것'이라고 대답했다. 이 말을 들은 신문왕이 곧 대나무를 베어서 피리를 만들어 부니, 나라의 모든 걱정·근심이 해결되어 만파식적이라 이름 붙이고 국보로 삼았다…….

당시 만파식적으로 다스렸던 나라의 근심 걱정의 내용은 다양했다. 쳐들어오던 적들이 물러가고 병이 나으며 가뭄에는 단비가 오고 장마 때는 비가 그쳤다. 또한 바닷가에서 불면 파도가 잠잠해졌다. 한마디로 이 요술피리 하나면 만사형통, 나라도 백성도 근심할 일이 없어진다는 것이다. 당연히 허구다. 그러나 실제 왕들의 이름이 등장하다 보니 여간 실감이 나질 않는다. 문무왕의 존재감과 그 아버지를 잃고 외로웠을 신문왕의 심리가 잘 드러나기 때문에 이 이야기를 듣고 있노라면 만파식적이란 피리가 실제로 존재한 것은 아닐까 하는 생각까지 하게 된다.

이와 비슷한 예가 있다. 삼국유사에 나오는 연오랑과 세오녀의 이야기는 우리에게 사실이 아닌 설화다. 그런데 그들의 고향인 포항 영일만에는 지금도 일본에서 연오랑과 세오녀의 후손이라는 사람들이 찾아온다. 그들은 선조의 고향에서 제사를 지내는 것을 숭고한 그들의 의무로 여기고 정기적으로 영일만을 방문하고 있다. 즉, 연오랑 세오녀는 실존인물이었던 것이다. 하지만 삼국유사에 기록된 연오랑과 세오녀의 이야기는 너무도 터무니가 없어서 전혀 사실로 믿어지지 않는다. 그렇다면 만파식적 설화는 어떻게 된 것일까.

삼국유사엔 이런 비현실적인 이야기들이 상당히 많다. 그런데 오랜 역사를 통해 전해져 오는 이야기는 당대의 민심이나 사건을 바탕으로 하는 경우가 대부분이다. 믿기 어려운 얘기조차도 그 시대에는 말할 수 없었던 상황을 빗대어 표현하는 경우가 많다.

만파식적, 실제인가 소망인가

그런데 일연의 삼국유사 집필 연대는 대략 1270년대 말부터 1280년대 초였다. 통일신라가 멸망한 때로부터 무려 300년이나 지난 시점이었다. 그때까지 이토록 실감 나는 이야기가 전해져 왔다면 분명 관련된 사건이 있었을 수도 있고 실제로 만파식적에 비견되는 영험한 피리가 있었을지도 모른다.

그런데 왜 하필 피리였을까. 천신이라 불렸던 김유신과 용왕이 되어 나라를 지키겠다던 문무왕의 혼이 왜 어느 화살도 뚫을 수 없는 방패나, 이 세상에 뚫지 못할 것이 없는 화살 같은 것을 보내지 않고 한 그루의 대나무를 보낸 것일까.

이 이야기는 허구다. 당대에 만들어진 이야기이든 일연이 삼국유사를 쓸 즈음에 떠돌던 이야기이든 누군가가 만든 이야기다. 그런데 누가 이 이야기를 만들었느냐는 중요하지 않다. 중요한 것은 그가 누구이든, 백성을 위로하고 치유하고자 만들었다는 사실이다. 두 번째 중요한 사실은 피리, 즉 소리가 치유의 도구로 등장한다는 사실이다. 소리는 보이지 않는다. 그런데 보이지 않는 것은 상상력이란 통로를 통해 보이는 것을 지배한다. 만파식적 소리를 듣는 신라 백성들은 무슨 생각을 했을까. 김유신과 문무왕의 이야기가 담긴 소리를 들으며 그들은 영웅들의 역동적인 삶과 희생적인 결단을 기억했을 것이다. 그리고 스스로를 다독이며 용기를 내어 일어섰을 것이다. 그것이 바로 만파식적 이야기의 위대한 힐링 파워다.

만파식적 소리를 과학적으로 분석하는 전문가들도 있다. 만파식적은 소(簫)가 아닌 적(笛)으로 일종의 대금이다. 그런데 굵고 낮은 대금소리는 멀리 있는 사람의 귀에는 들리지 않지만 청각이 예민한 고래에게는 신경계를 자극하는 강렬한 소음이 될 수도 있나. 실제로 바닷가에서 극저주파 실험을 한 뒤 고래가 신경계 이상을 일으켜 해변에 떼로 몰려와 죽는 사례들이 있다. 만일 만파식적으로 고래들을 자극해서 바다가 요동쳤다면 적들은 퇴각을 할 수밖에 없었을 것이다.

이런 상상을 하며 이견대에서 바라보는 감포 앞바다는 더욱 신비롭게 다가온다. 신라 역사상 가장 위대한 두 영웅이 혼이 깃든 대나무를 베어 돌아가던 길, 신문왕이 잠시 머물다 간 연못이 있다. 그곳이 바로 기림사로 가는 길에 있는 용연(龍延)이다. 당시 가져온 대나무를 보며 신하의 말이 사실인지 혼란스러워하는 왕을 위해 신하는 대나무를 잘라 연못에 넣어보라고 귀띔을 해준다. 그런데 대나무 조각을 연못에 넣자마자 용으로 변해 하늘로 올라가는 게 아닌가. 왕은 기뻐하며 즉시 연못의 이름을 용연이라고 지어주고 대나무를 잘라서 피리를 만드니 그것이 바로 만파식적이다.

만파식적, 소리에 관한 과학적 분석을 넘어

자못 신비로운 설화와 함께 태어난 만파식적. 그 소리가 어땠을까. 전문가들은 만파식적이 쌍골죽이라는 희귀한 대나무로 만들었을 것이라고 조심스레 추측하고 있다. 쌍골죽은 지금도 우

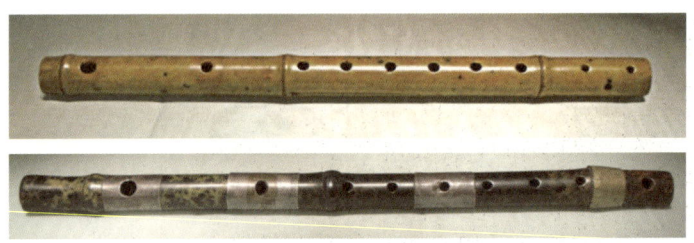

신라옥피리/국립경주박물관 소장

리 전통 관악기의 재료로 쓰이는 특수한 대나무이다. 일반 대나무와 달리 한마디 사이에 골이 두 개씩 있다고 해서 쌍골죽이라 불린다. 자라나는 모양도 일반 대나무와 다르다. 어느 정도 키가 크고 굵어지면 더 이상 외적인 성장은 멈춘 채 속만 채워가는데 바로 이점 때문에 쌍골죽의 가치가 높다.

일반적으로 대금의 내부 크기는 지름이 16mm 정도다. 그런데 보통 대나무는 지름이 16mm가 넘어 대금 소리가 나질 않는다. 어린 대나무는 지름이 작아서 소리는 나지만 악기로 쓰기엔 너무 약해서 쓸 수가 없다. 그런데 쌍골죽은 굵고 속이 꽉 차 있기 때문에 원하는 크기로 자유롭게 뚫으면 된다. 또한 대나무보다 두꺼운 살을 갖고 있기 때문에 아주 맑고 야무진 소리가 난다. 주로 대금이나 당적(당나라 피리) 그리고 소금(작은 피리)를 만드는 데 쓰인다. 쌍골죽은 일종의 돌연변이이기 때문에 매우 드물게 발견되고 인위적인 재배도 쉽지 않아 더욱 귀하다. 그런데 최근 이견대 뒤쪽 산에 쌍골죽이 자생했을 가능성이 언급되고 있어 김유신과 문무왕의 전설로 태어난 대나무가 바로 쌍골죽이 아닐까 하고 추정하는 사람들도 있다.

그렇다면 만파식적은 실제로 어떤 피리였을까. 아름다운 음악은 지친 사람에게 생기를 주기도 하고 정신적인 스트레스를 이겨내는 힘이 되기도 한다. 용왕 문무왕과 천신 김유신의 혼백이 하나가 되어 탄생한 피리라면 더욱 그 소리가 신묘했을 테니, 병이 나았다는 말은 사실일 수도 있다.

하지만 그 이상의 기적들은 그저 아름다운 소리만으로는 불가능한 일이다. 어쩌면 만파식적의 소리는 오늘날의 우리가 상상하는 그런 단조로운 대금 소리가 아니라 상황에 따라, 혹은 부는 사람의 마음에 따라 변화무쌍한 소리가 나는 피리였을지 모른다. 혹은 특별한 파동을 가진 피리였을 수도 있다.

하지만 만파식적도 결국 피리다. 빼어난 소리를 가졌다 해도 그 소리는 결국 대나무와 사람의 호흡이 어우러져 만들어내는 대금 소리에 불과하다. 그럼에도 불구하고 그 소리가 들리는 곳에서 기적이 일어났다면 그것을 가능케 한 것은, 듣는 사람들의 마음이 아니었을까.

같은 소리도 어떤 마음으로 듣느냐에 따라 위로가 되기도 하고 상처가 되기도 한다. 같은 손이라도 엄마의 손은 배탈을 낫게 하듯, 그 소리가 담고 있는 이야기가 무엇인가에 따라서 듣는 마음이 달라진다. 그런데 문무왕과 김유신이 누구던가. 신라의 수많은 영웅 중에 가장 치열하게 신라와 신라의 백성들을 위해 살았던 사람이 아닌가. 그래서 김유신에게는 어렸을 때부터 신라를 보호하기 위해 천신이 내려와 인간이 된 인물이라는 전설이 따라다녔고, 문무왕은 죽어서 용왕이 되었다는 전설이 생긴 것이다.

이 두 사람이 죽어서도 신라의 백성들을 위해 신묘한 힘이 있는 피리를 보냈다는 말을 들었다면, 그 피리 소리를 듣는 백성들의 마음이 어땠을까. 그들의 향한 신뢰가 기적을 낳았던 건 아닐까. 그 신뢰가 마음의 병을 낫게 하고 죽기로 적들과 싸워 물러가게 했던 것은 아닐까.

만파식적을 제작하고 국보로 정한 신문왕 역시 무척이나 지혜로운 왕이다. 불세출의 영웅들이 차례로 세상을 떠난 뒤, 불안해하는 백성들의 마음에 영웅의 소리를 심은 것이다. 그들은 지금도 우리 곁에서 우리를 보호하고 있고 신묘한 소리로 적들로부터 우리를 지켜주고 있다는 믿음을 심어준 것이다. 대나무의 마디마디 하나가 용이 되어 하늘로 올라갔다는 이야기는 비록 사실은 아니라 하더라도 위대한 신라의 영웅들의 정신이 이 민족들의 마음에 면면히 흐르기를 원했던 그의 꿈이었을지도 모른다. 문무왕마저 죽고 난 뒤 당나라가 호시탐탐 신라를 다시 지배하기 위해 기회를 노리고 있던 그때에, 신라는 다른 어떤 것보다 신화가 필요했다. 그 신화는 믿음에서 비롯된 것이다.

그렇게 생각하면 만파식적은 설화가 아닌 실존이다. 나라를 지키고 민족의 혼을 지키고자 했던 그 시대, 이 땅에 살았던 사람들의 마음이 만파식적이었을 테니 말이다.

©김영태, 감은사지의 일몰

healing trak info

(성인 남성 75kg 기준/kcal)

코스	거리	난이도	시간	소모칼로리
모차골~기림사	5 km	중	2시간30분	735
연동체험마을~문무왕릉	18.8 km	하	6시간30분	1672
하서항~읍천항	1.9 km	하	50분	214

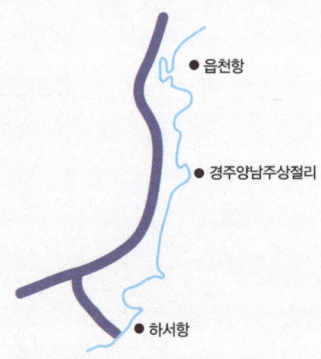

■ 쌍골죽 [雙骨竹]

일반 대나무와 달리 한마디 사이에 골이 두 개씩 있다고 해서 쌍골죽이라 불린다. 자랄 때도 일반 대나무와는 달리 어느 정도 키가 크고, 굵기도 굵어지면 더 이상 외형적으로 크지 않고, 속이 두꺼워진다. 쌍골죽은 보통 대나무보다 두꺼운 살을 지니고 있어서 아주 맑고 단단한 소리를 내기 때문에, 대금(大笒)·당적(唐笛)·소금(小笒) 같은 관악기의 재료로 사용된다. 이 쌍골죽은 일종의 돌연변이종으로 진귀한 데다가 재배가 불가능하다. 신기하게도 쌍골죽은 만파식적의 전설이 싹튼 양북면 감포 근처에서도 발견된다.

사진출처: http://blog.naver.com/mwn1234

■ 신문왕(재위 681~692)

신라 제31대 왕. 문무왕이 세상을 떠난 뒤, 통일 전후 왕과 귀족 간의 치열한 긴장감이 돌았던 시기에 강력한 전제왕권을 확립했다. 이를 위해 전쟁 공신들을 과감히 처벌하거나 몰아내고 수도 방비군 9 서당을 완비했는데 구성원들은 백제와 고구려의 유민과 말갈족으로 진골 귀족들을 배제시킴으로써 군사권까지 장악했다. 682년에는 국학을 세워 인재양성에 힘을 기울였으며 통일신라 시기, 지방 통치의 근간이 되는 9주 5 소경 제도를 완성했다. 또한 정치의 걸림돌인 귀족들의 세력을 약화시키기 위해 매년 직급에 따라 곡식을 차등 지급했다. 신문왕이 강력한 전제 왕권의 기반을 만든 후 33대 성덕왕과 35대 경덕왕을 거치는 동안 전성기를 맞이한다.

■ 용연(龍淵)

『삼국유사』 권 2 기이 2 만파식적 조에 의하면 임오년(壬午, 682) 신라 제31대 신문왕이 용으로부터 옥대와 피리를 만들 대나무를 얻은 후 기림사 서쪽 시냇가에 이르러 점심을 먹었다. 이때 태자 이공이 소식을 듣고 달려와 하례하며 말하길 이 옥대는 모두 진짜 용이라고 하였다. 이에 신문왕이 옥대의 왼편 둘째 쪽을 떼서 계곡 물에 담그니 바로 용이 되어 하늘로 올라갔다. 그리고 그곳은 곧 큰 못이 되었는데 용연(龍淵)이라 불렀다고 한다. 현재 기림사의 북쪽 계곡에 승천하는 용 모양의 폭포와 옥대의 한쪽을 떼어 던졌던 전설의 용연이 있다.

신문왕의 만파식적을 찾아서

●나음은 멈춤에서 시작된다
stop for healing

찬기파랑가 讚耆婆郎歌

호느끼며 바라보매
이슬 밝힌 달이
흰 구름 따라 떠간 언저리에
모래 가른 물가에
기랑耆郎의 모습이올시 수풀이여.
일오逸烏 내 자갈 벌에서
낭郞이 지니시던 마음의 갓을 쫓고 있노라.
아아, 잣나무 가지가 높아
눈이라도 덮지 못할 고갈이여.

삼국유사에 수록된 신라 향가로 충담사가
기파랑의 고매한 인품을 추모하기 위해 지었다.

1281년 일연은 황룡사에서 무엇을 보았는가

황룡사터

경주를 여행하노라면 그림자처럼 따라다니는 이야기책이 한 권 있다. 바로 삼국유사다. 책의 이름에도 나오듯 삼국유사는 정식 사서가 아닌 떠도는 이야기들을 모은 유사다. 그럼에도 불구하고 오늘날 많은 사람들이 알고 있는 삼국에 관한 얘기의 대부분은 모두 삼국유사에서 인용된 것이다. 단순히 한반도의 고대를 이해하도록 도와주는 정도가 아니라 한국인의 정신세계 형성에 엄청난 영향을 끼친 책이다.

이 책을 쓴 이는 일연이다. 고승이라면 불경이나 특별한 도력, 그도 아니면 유명한 사찰과 함께 이름을 남기는 것이 일반적인데 일연이란 이는 삼국유사라는 이야기책으로 역사에 이름을

남긴 특별한 인물이다.

황룡사의 재앙과 고승 일연

1281년의 어느 날, 승려 일연은 급히 서라벌로 향했다. 충렬왕이 그를 보기를 원한 것이다. 당시 일본 정벌에 나선 몽고군은 충렬왕에게 직접 군대를 끌고 전쟁에 참여하고 명령했다. 그는 전쟁에 나서기 전 왕실의 스승인 일연을 보고자 했다. 일연이 도착하자 충렬왕은 말없이 황룡사터로 향했다.

황룡사는 신라 제국의 힘과 예술의 수준을 한눈에 볼 수 있는 불교의 나라 신라의 상징이었다. 진흥왕 때 창건된 황룡사는 불국사의 약 8배가 되는 넓은 면적에 눈부신 금당과 백제의 명장인 아비지가 만들었다는 높이 80미터의 9층 목탑이 세워져 있어 보는 이들을 압도했다. 숭례문보다 몇 배나 더 컸을 것으로 추정되는 금당의 벽에는 솔거의 노송도가 그려져 있었는데 그림이 얼마나 생동감이 있었는지 새들이 앉으려고 날아들다 벽에 부딪혀 죽곤 했다는 이야기가 전설처럼 전해져 오고 있었다. 황룡사를 건설했던 신라인들은 신라 땅에 부처가 산다고 믿었다.

그런데, 그 모든 것이 몽골에 의해 잿더미로 변한 것이다. 당시 황룡사가 불타면서 날린 재로 인해 서라벌의 하늘이 며칠이나 어두웠다는 이야기를 일연도 들은 적이 있었다. 황룡사가 당한 재앙은 곧 고려의 재앙이었다. 그런데 고려의 왕은 이 위대한 유산을 날려버린 몽골의 전쟁을 도우러 출정하는 길이었다. 그 왕의 참담한 심정과 기울어가는 고려의 운명 앞에서 고승 일연은 무슨 생각을 했을까.

그는 1206년에 태어나서 1289년에 세상을 떠났다. 그런데 그 시기는 고려 역사상 가장 위험하고 심란한 시기였다. 공교롭게도 그가 태어난 1206년은 인류 역사상 가장 위대한 정복자인 칭기스칸이 중원을 통일하고 몽골 제국을 세운 해이다. 이후 주변국을 차례로 정복해나가던 몽골은 1231년부터 고려 정복에 나선다. 이후 40년간 고려는 역사상 가장 참혹한 시기를 맞는다.

일연은 바로 그런 시대를 살았던 인물이다. 9세에 절에 들어가 13살에 구족계를 받고 일연이라는 법명을 가진 수도자가 된 뒤 스무 살이 넘어 승과에 합격하는데 그로부터 몇 해 되지 않아 몽고의 침략이 시작된 것이다. 나라는 참혹한 고통에 처하지만 그는 전국의 사찰을 다니며 수행을 계속해서 승승장구 신분이 높아져 국존이라는 자리까지 올랐다.

신라의 황룡사와 고려의 팔만대장경 사이에서

당시 고려는 대몽골 항전의 하나로 대장경 제작을 결정한다. 고려의 상황은 너무도 절박했다. 고려라는 조그만 나라가 세계적인 제국의 침입을 받은 상황이다 보니 그들이 알고 있었던 세상의 학문이나 철학으로는 불가항력적인 현실을 극복할 힘이 없었던 것이다. 그래서 고려 현종은 일찍이 6천 장 규모의 대장경을 만들고 아름답게 금박까지 입혀서 영험한 호국의 상징으로 보관했었다. 그런데 몽골이 이 사실을 알고 고려인들의 기를 꺾기 위해 대장경을 불태운 것이다. 그러자 고려 고종은 다시 어마어마한 규모의 대장경 제작에 착수한다. 그것이 오늘날 해인사에 남아있는 팔만대장경이다.

대한민국 사람이라면 팔만대장경이 얼마나 엄청난 문화재인지, 또한 그 제작 과정이 얼마나 엄청났는지 웬만큼은 안다. 제작에 참여한 연인원만 평균 5만 명으로 추정되는데 그렇게 16년이 걸렸다. 판각의 수준이나 제작 기법, 그리고 5천만 자가 넘는 방대한 양의 불경이 담겼다는 점에서, 당대는 물론 오늘날에도 유네스코가 지정 보호할 만큼 탁월한, 세계적인 불교유산이다.

그런데 당시 상황을 상상해보자. 대륙을 휩쓸었던 몽골의 거

침없는 기마부대가 전국을 휘젓고 다니며 불을 지르고 사람을 죽이며 아녀자를 겁탈하는 비참한 상황인데, 고려는 또다시 대장경 제작에 착수했다. 6천 장 규모의 대장경이 불탔을 때, 백성들은 이미 하늘이 무너지는 절망을 경험했다. 그것은 대장경이 단순한 불경이 아니었기 때문이다. 고려 사람들에게 대장경은 부처였다. 대장경은 그들에게 또 다른 모습의 살아있는 부처이자 목숨과 삶을 지켜줄 절대적인 힘이었다. 그런데 그 대장경이 잿더미로 변하고 야만적인 몽골의 말발굽에 삶을 농락당해야 했던 고려 백성들의 심정은 어땠을까.

　백성이 무너짐은 나라의 무너짐이다. 그래서 고종은 또다시 대장경 제작에 착수한다. 그것은 고려라는 나라의 군주가 선택한 최선의 병법이었다. 그래서 군사를 기르고 무기를 만들어 적과 싸워야 할 막대한 예산을 대장경 제작에 쏟아부은 것이다. 그렇게 완성된 팔만대장경은 그때까지 지구상에 남아 있는 약 5천만 자의 불경을 다 모은 엄청난 규모다. 그것은 지고한 불심의 발로이자 힘없는 나라를 지켜달라는 마지막 불꽃과도 같은 헌신이었다. 그렇게 고려는 역사상 가장 위대한 불교문화유산을 만들어 해인사에 봉안했다.

그러나 고려는 끝내 망하고 말았다. 가족들이 몽골의 칼에 쓰러져도 자기 아내와 딸이 겁탈을 당하고 끌려가도 오직 부처님의 자비에 의지하여 모든 것을 헌신했던 고려의 백성들은 또다시 절망에 빠질 수밖에 없었다. 팔만대장경도 나라를 지켜주지 못했던 것이다.

그런 상황 속에서 불타 버린 황룡사터에 선 일연의 심정은 어땠을까. 황룡사를 불태운 몽골이 팔만대장경을 잿더미로 만드는 것은 일도 아니다. 게다가 이미 고려도 스스로를 지탱할 힘과 정신을 잃어가고 있었다. 몽골이 고려를 속국으로 만들어 지배하기 시작한 지 20여 년, 고려의 왕자는 몽골의 황실에서 자라서 몽골 황제의 딸과 결혼한 뒤에야 왕이 될 수 있었고, 왕이 된 후에도 변발에 몽골의 복장을 해야 했다. 그러니 백성들에게 몽골의 문화와 몽골식 사고방식이 확산되는 것은 너무도 쉬웠다. 빛났던 고려의 전통, 한민족의 자긍심은 비난받고 천대시되었다. 위대한 팔만대장경을 만든 민족이라는 자긍심도, 팔만대장경을 만들어 고려를 지키겠다 했던 그 마음도 끼미득히 잊혀가고 있었다. 나라만 정복을 당한 것이 아니라 민족의 정신도 사라지고 있었던 것이다.

승려 일연의 첨단 하이테크, 스토리텔링

그로부터 얼마 뒤 일연은 승려의 최고 명예인 국존의 자리에 이른다. 하지만 1년 뒤 그는 종신직인 국존의 자리를 버리고 고향 집으로 돌아온다. 경산의 자기 집에서 노모를 봉양하며 그가 죽기 전에 마무리 한 책이 바로 삼국유사다.

그런데 삼국유사란 책과 고승 일연을 연결 짓기란 정말 쉽지 않다. 생각할수록 그는 이상한 사람이다. 그 심란한 시기에 왜 그는 삼국유사 같은 이야기책을 썼을까. 물론 그도 탁월한 불법 전문서를 저술한 바 있다. 그러나 그가 가장 심혈을 기울인 저서는 바로 〈삼국유사〉다. 그것도 죽기 전에 마지막 남은 생명의 불꽃을 모아 심혈을 기울인 역작이다.

그런데 이게 무슨 병법서도 아니고 역사서라고 하기도 어렵다. 죽어가는 건 고려의 백성인데 고려의 이야기도 아닌, 삼국시대에 관한 주제인 데다가 내용들의 대부분은 믿을 수도 안 믿을 수도 없는 설화와 전설과 뜬구름 잡는 이야기들이 대부분이다. 그저 노인들이 아이들의 자장가 대신해주면 딱인 그런 이야기들을 당대 최고의 지식인이자 승려였던 고승이 생애 마지막 유작으로 남긴 것이다.

예를 들면 연오랑과 세오녀가 둥둥 떠다는 섬을 타고 일본에 가서 왕이 되었다든가, 풍랑을 잠재우고 만병을 고쳤다는 만파식적이란 요술피리가 있었다든가 하는 이야기에 향가 이십 여 수, 그리고 삼국의 왕들과 용왕의 비법으로 외적을 물리쳤다는 고승들의 전설들이 대부분이다.

그런데 그 양이 방대하다. 이런 이야기책을 쓰기 위해 팔순이 넘은 그가 노구를 끌고 전국 방방곡곡을 다녔을 리는 없다. 그러니 두 가지 중 하나다. 이미 오래전부터 이런 이야기들을 꾸준히 모아 왔거나 아니면 제자들의 도움을 받아 조직적으로 모았을 가능성이 높다. 어디 그뿐인가. 이야기들이 하나같이 탄탄한 이야기 구조를 가진 것으로 보아 모은 이야기에 불교적 사상이 담아 재구성했음이 틀림없다.

그렇게 만들어진 이야기들은 하나하나가 살아 꿈틀거리듯 생동감 있고 흥미진진하다. 비록 까마득히 먼 삼국시대 이야기들이지만, 이 땅의 조상들이 어떤 마음으로 나라를 세웠고 영웅은 어떤 삶을 살았으며 고승들은 무엇을 했는지, 또한 이름 없는 평민들의 하루하루가 얼마나 평화롭고 아름다웠으며, 한민족이 얼마나 탁월했는지를 느끼게 한다.

연오랑과 세오녀가 바닷가에 사는 부부였는데 일본으로 건너가자마자 왕과 왕비가 되었다. 아무나 왕이 되는 것은 아닌데 평범한 어촌의 부부도 다른 나라에 가서는 왕이 될 정도의 비범한 민족임을 넌지시 시사한다. 장군 김유신과 삼국을 통일한 문무왕이 죽어서 각기 천신과 용왕이 되어 나라를 지키다가, 마침내 한 뿌리이면서 몸이 두 개인 대나무로 다시 태어났다. 그것으로 만든 피리가 불기만 하면 모든 병이 낫고 바다의 풍랑도 잠잠해진다는 요술 피리다. 믿어도 그만 안 믿어도 기분은 좋은, 그리고 희망이 생기는 이야기들이다.

무엇보다 고려 사람인 일연이 삼국시대 이야기를 소재로 선택한 것은 몽골을 의식한 결정이었을 가능성이 높다. 당시 정치 분위기상 일연 같은 거물이 고려의 역사에 대해 책을 썼을 경우 몽골의 주목의 받고 결국에는 반대에 부딪힐 수 있기 때문이다. 만일 그래서라면 역사적 사실까지도 실화인지 설화인지 구분하기 어렵게 쓴 부분에 대한 의문이 풀린다. 이렇게 일연은 부담 없는 이야기 속에 한민족의 정신 유산을 고려의 백성에게 전해 준 것이다.

그런 면에서 일연의 삼국유사는 일연의 대몽골 병법이다. 팔만대장경이나 황룡사처럼 쉽게 불에 타버리는 하드웨어가 아니라 불타지 않는 소프트웨어로 탄생한 병법서다.

그런 면에서 본다면 일연의 선택, 일연의 전투는 승리한 셈이다. 오늘날 우리에게 전해진 삼국에 관한 이야기는 대부분 삼국유사에서 나온 것들이니 말이다. 삼국유사를 통해서 전해진 고대의 이야기는 반만년 역사를 확인시켜 주었고, 한민족의 찬란했던 고대와 용기 있고 위대한 영웅의 후손이라는 자긍심을 심어주었다. 그 힘으로 우리는 오늘날까지 민족의 역사를 이어오며 자긍심을 갖고 살 수 있지 않았던가.

황룡사터에 서면 1281년 이 자리에 서 있었던 일연의 얼굴이 보인다. 팔순을 바라보는 백발이 성성한 노승. 불교뿐 아니라 유교, 도교 등 당대 모든 학문에서 최고의 지식을 가진 위대한 정신이었던 그는, 아마도 이곳에서 참전을 결심하지 않았을까. 한민족의 정신을 죽이고 몽골화 하려는 그들을 향해 무기를 들었을 것이다. 한민족의 마음에 세운, 불타지 않는 황룡사이자 대장경인 그 무기는 바로 이야기였고, 그 이야기는 마침내 야만적인 몽골의 칼을 이겼다.

■ 황룡사(黃龍寺) 터

사적 제6호. 경상북도 경주시 구황동 소재. 고려 고종 25년에 몽골의 침입 때 완전히 소실되어 터만 남아 있다. 현재까지의 발굴 결과, 총 면적 2만 5천여 평의 신라 제1의 사찰이었던 것으로 보인다. 삼국유사에 따르면 진흥왕 14년(553)에 월성 동쪽에 새로 궁궐을 짓다가 황룡이 나타나는 사건이 발생하자, 궁궐이 아닌 불사로 짓기로 하고 황룡사라 이름을 지은 뒤 착공 17년 만인 569년에 완공했다. 금당에는 새들이 실제 나무로 알고 날아와 부딪쳤다는 솔거의 전설적인 벽화 〈노송도〉가 있었으며 자장, 원효와 같은 고승들이 머물며 제자들을 가르치고 불자들에게 불법을 설파했던 신라 불교의 심장부였다.

■ 황룡사 9층 목탑

황룡사의 중심은 9층 목탑이었다. 당나라로 유학 갔던 자장이 선덕여왕에게 탑을 세울 것을 청하였고 이에 백제의 명공 아비지를 데려와 목재와 석재로 건축하여 2년 뒤인 645년에 완공했다. 높이가 약 80m로 1층은 일본, 2층은 중화, 3층은 오월, 4층은 탁라(탐라), 5층은 응유(백제), 6층은 말갈, 7층은 단국(거란), 8층은 여적(여진), 9층은 예맥(고구려)의 아홉 나라를 상징하는데, 이는 이들 나라의 침략을 막을 수 있다는 뜻을 담고 있었다. 이 탑은 조성된 이후 5차례 벼락을 맞고 중수를 거듭하였으나, 1238년(고종 25)에 몽고군의 방화로 전소된 뒤 현재에 이르고 있다. 1964년 12월에 도굴꾼이 탑에 봉안한 사리함을 훔쳐갔다가 잡혔는데 회수한 사리함 속 유물을 통해 탑의 역사가 확증됐다.

경순왕, 죽어서도 서라벌로 돌아오지 못한 이유

숭혜전

경주에는 신라 왕의 위패를 모신 사당들이 있다. 숭덕전은 박혁거세를 모신 사당이고 숭신전은 석탈해 임금의 위패를 모신 사당이다. 그리고 신라왕의 대다수를 차지한 경주 김 씨 출신의 왕의 위패를 모신 곳이 숭혜전이다. 대릉원과 나란히 서 있는 숭혜전엔 다른 사당과는 달리 세 왕의 위패가 모셔져 있는데 김 씨 중에 가장 먼저 왕이 된 미추왕과 삼국을 통일한 문무왕이다. 그리고 또 한 사람의 위패가 있는데 바로 마지막 임금인 경순왕의 위패다.

참으로 뜻밖의 조합이 아닐 수 없다. 김춘추나 선덕여왕 등 기라성 같은 왕들이 많은데 왜 하필이면 문무왕과 같은 위대한 왕

들을 모신 사당에 경순왕을 모신 것일까. 처음 이 숭혜전을 찾는 사람들이라면 누구나 갖게 되는 의문이다.

경순왕에 관한 엇갈린 기록들의 진실

경순왕이 누구인가. 싸움 한번 하지 않고 나라를 고스란히 들어 고려에 바친 비겁한 군주로 알려진 인물이다. 죽어서도 신라왕이 아닌 고려의 충신으로서 고려의 귀족들의 묘가 많은 경기도 연천군의 임진강변에 안장됐다. 조선 중엽, 훼손된 그의 묘를 복원할 때도 검소한 대갓집 묘 양식을 따랐다. 그런 그였기에 〈삼국사기〉에도 그에 관한 기록은 역대 왕들 중에 가장 짧다.

> 56대 경순왕(敬順, ?~978).
> 휘는 부(傅). 경애왕이 죽은 후 견훤에 의하여 즉위하였으나, 935년에 왕건에 귀의하여 왕건의 딸 낙랑공주와 결혼하여 경주 사심관(事審官)으로 여생을 보냄.

그가 이렇게 푸대접을 받는 이유는 항복을 했기 때문이다. 하긴 천년 역사를 가진 신라 왕실의 자존심으로 본다면, 혀를 깨물

고 죽을 지언정 항복은 있을 수 없는 일이다. 아버지 경순왕을 말리기 위해 마의태자는 통곡을 하며 반대하다가 결국 머리를 깎고 세상을 등졌다. 다른 두 아들도 비굴한 항복은 받아들일 수 없다 하여 마의 태자를 뒤따라 승려가 됐다. 그 바람에 경순왕은 아들들만도 못한 비겁한 왕이라는 꼬리표를 달게 됐다.

하지만 그 수치 속에서도 경순왕은 항복의 뜻을 꺾지 않았다. 그는 몸소 대신들을 끌고 왕건을 찾아가 항복을 했다. 그뿐 아니라 왕건의 딸인 낙랑공주와 결혼해 자녀를 줄줄이 낳고 고려 조정의 높은 대신이 되어 평생을 고려 조정에 충성하며 살다가 죽었다. 경순왕, 그는 한마디로 신라역사에서는 지워버리고 싶은 인물인 것이다.

그런데 숭혜전에 오면 그동안 우리가 알고 있었던 것과는 사뭇 다른 모습의 경순왕을 만나게 된다. 무엇보다 그는 죽었을 때 고향인 서라벌로 돌아오기를 간절히 원했다고 한다. 그런데 그가 죽어서도 고향으로 돌아오지 못한 것은 고려 왕실의 다음과 같은 명령 때문이었다.

'왕릉은 개경 100리 밖에 쓸 수 없다.

즉, 고려 정부가 그의 귀향길을 막았다는 것이다. 그것도 경주에 있는 신라 백성의 민심을 우려한 조치였다. 그러니까 왕이 죽은 것에 상심한 신라 백성들이 혹시라도 소동을 일으킬까 봐 그랬다는 것이다. 생각할수록 이상한 일이다. 경순왕은 제 손으로 나라를 통째로 팔아먹은 비겁한 군주였다. 그런 왕이 죽어서 고향으로 돌아온들 흔들릴 백성이 어디 있을까. 그런데 고려 왕실은 그것이 걱정되어 경순왕의 유해가 고향으로 돌아가는 것을 막았다는 것이다.

이런 의문을 갖고 경순왕에 대한 기록을 찾아보면, 이상한 게 한 둘이 아니다. 무엇보다 김부식은 경순왕에 대해 매정하리만치 짧게 기록한 반면 일연은 아주 자세하게 소개를 하고 있는데, 그 중에 이런 기록이 있다.

> 경순왕이 태조(왕건)에게 귀순한 것은 잘한 일이라 할만하다. 만일 힘을 다해 싸워 고려군에게 항거했다면 반드시 왕족의 혈통이 끊어졌을 것이요, 화는 무고한 백성들에게 미쳤을 것이다. 그런데 스스로 나라를 바치고 항복해왔으니 백성을 살린 그 덕은 실로 크다. 옛날에 진 씨가 오월의 땅을 송나라 바친 사실을 두고 전 씨를 충신이라 일컬은 적은 있지만 지금 신라왕의 공덕은 그보다 훨씬 더 한 것이다.

즉, 경순왕의 항복은 비록 개인에게는 수치이지만 백성들의 목숨을 살린 덕이 있는 행동이었다고 평가하고 있는 것이다. 그런데 그뿐 아니다.

> 태조(왕건)는 비빈이 많아 그 자손이 번성했음에도 현종 임금은 신라 왕실의 외손으로 고려왕이 되었고 그 뒤로 왕위를 계승한 사람은 모두 그의 자손이니 이 어찌 음덕의 소치가 아니겠는가.

즉, 경순왕의 후손이 고려의 임금이 되었다는 것이다. 이 사건은 고려 정부로 보면 절대로 용납할 수 없는 일이다. 그럼에도 불구하고 경순왕의 후손이 왕이 될 때 고려에서 정치적 소동이나 저항이 있었다는 기록은 없다. 뿐만 아니라 이후로 경순왕의 후손이 대대로 왕위에 올랐다.

경순왕에 대해 그토록 냉정하게 기록한 고려에서 어떻게 이런 일이 가능했을까. 혹시 고려의 창건명분 때문에 삭제된, 경순왕에 관한 이야기가 더 있는 것은 아닐까.

궐 밖에서 자란 경순왕, 백성들의 고통을 알고 있었다?

경순왕이 항복을 결정하게 된 이유를 정확히 알 수 있는 기록은 전하지 않는다. 그런데 그의 신도비에 기록된 행장 중에 당시 그의 심중을 짐작하게 하는 말 한마디가 남아 전한다. 그는 당시 측근들에게 이렇게 심정을 토로했다.

> 나는 내 백성의 간과 뇌가 땅에 짓이겨지는 것은 차마 볼 수 없다…….

피를 토하는 듯한 한 마디, 죽음의 위기에 놓인 백성을 바라보는 군수의 측은지심이 짧은 말 한마디에 함축되어 있다. 그는 원래 신라 문성왕의 후손이었다. 하지만 그가 태어났을 당시 김 씨 왕조는 부패하고 타락한 정치로 궁에서 쫓겨난 뒤였다. 그는 몰락한 왕실의 후손일 뿐이었다. 그는 역대의 왕족들과는 달리 백성들 틈에 섞여 살았다. 당시 신라 왕실은 박혁거세의 후손들에게 넘어가 있었다. 그들은 김 씨들에게서 왕권을 빼앗는 데는 성공했지만 부패하고 무능력하긴 마찬가지였다. 엎친 데 덮친 격으로 견훤과 궁예가 후백제, 후고구려를 세워 신라를 위협하기 시작했다. 백성의 삶은 도탄에 빠지고 신라 사회의 혼란은 극에 달했을 즈음, 견훤이 포석정에서 경애왕을 참살한 뒤, 박 씨가 아닌 김 씨 가문 사람을 왕으로 세웠다. 그가 바로 경순왕 김 부였다.

망해가는 신라 왕조의 꼭두각시 왕이 된 경순왕은 무슨 생각을 했을까. 기록에 의하면 포악한 견훤의 폭정에 시달리던 중 왕건과 만난 뒤 마치 부모를 만난 듯 눈물을 흘리며 백성들을 부탁했다고 전한다. 비록 실권도 없는 이름뿐인 왕이었으나 그에겐 백성을 향한 뜨거운 마음과 책임감이 있었다. 단정 지을 수는 없지만 백성을 긍휼히 여기는 마음이 있었던 것만은 사실인 듯하다.

아무튼, 그로부터 얼마 되지 않아 그는 최종적으로 항복을 선택했다. 그런데 그 항복을 하러 가는 길의 풍경이 여간 이상하지가 않다. 〈삼국유사〉를 보자.

> 경순왕이 백마를 거느리고 귀순했다.
> 향거며 보마들이 30리에 뻗쳤고 길에는 구경꾼들이 줄을 이었다.

행렬의 길이가 무려 30리, 요즘으로 따지면 12킬로다. 우리가 수치스러운 항복의 여정으로 알고 있던 그 행렬은, 마치 결혼하러 가는 행렬처럼 당당하고 화려했던 것이다. 수많은 금은보화를 실은 보마와 귀족들이 탄 향거가 줄을 이어 구경꾼들이 몰려들 정도였다. 즉 그의 '항복'길은 자기 목숨 부지하려고 측근들만 데리고 몰래 투항을 한 것도 아니고, 체포되어 질질 끌려간 것도 아니다.

실제로 경순왕은 왕 건의 딸 낙랑공주를 아내로 맞아들임으로써 왕 건의 사위가 됨과 동시에 태자보다도 더 높은 지위인 사심관으로 임명된다. 이 사실을 두고도 우리는 경순왕이 나라와 백성을 버린 것도 모자라 적장의 딸과 결혼까지 하는 자존심도 없는 인물이라고 비난한다.

그런데, 기록을 보면 이때 경순왕만 왕건의 사위가 된 것이 이니다. 왕 건 역시 경순왕의 조카딸과 결혼했다. 즉 신라 왕실과 고려 왕실은 맞 결혼을 통해 정치적 동지가 된 것이다. 그뿐 아

니다. 얼마 안 가 낙랑공주와의 사이에서 낳은 딸이 5대 임금 경종의 비가 되는데 그녀의 아들이 바로 현종이다. 그리고 이후로는 현종의 자손들이 대대로 왕위에 오른다. 결과적으로 경순왕은 자기의 왕위를 내어놓음으로써 왕 건이라는 걸출한 왕을 신라 백성의 지도자로 세우고, 왕실도 보존하는 일석이조의 효과를 가져온 것이다.

역사상 최초의 평화적인 정권교체를 이룬 진정한 힐링 킹?

사실 경순왕 개인의 명예를 생각하면 자결을 하거나 머리를 깎고 절로 들어가는 것이 더 쉬운 일이다. 하지만 그는 도망가지 않았다. 그리고 항복한 비겁한 군주라는 손가락질을 받으며 세상 한가운데 있었다. 그곳엔, 나라를 잃고 절망에 빠진 신라 백성들이 있었다! 그는 백성들과 함께 고려왕조가 잘 정착하는데 결정적인 힘을 보냈다. 특히 개경 흥복사 건설 등 고려 조정의 수많은 불사를 직접 감독하고 성공적으로 잘 마침으로서 신임을 얻었다.

자신을 믿어준 왕 건이 세상을 떠난 뒤에도 그는 무능한 신라 왕실 때문에 고통받고 나라마저 잃은 신라 백성들과 함께 있었다. 그렇게 왕좌를 버리고 난 뒤에 진정한 왕이 된 인물, 경순왕. 그는 어쩌면 희생적인 리더십을 감동적으로 실천한 진정한 힐링 킹이었는지도 모를 일이다.

그리고 그의 선택에 대해 고려조정과 신라 유민 모두는 깊이 공감하며 고마워했을 가능성도 매우 높다. 만일 그렇지 않았다면 그는 배신당한 신라 귀족과 유민들로부터 복수의 위협 속에 평생 살아야 했을 것이다. 실제로 그의 정치 파트너였던 왕 건은 고려 창건 6년 뒤에 죽고 만다. 그런데 경순왕은 그로부터 무려 37년이나 더 살았다. 왕 건 사후에도 그는 신변의 위협을 느끼거나 하는 일은 없었음이 분명하다.

그가 장수를 누렸다는 점도 놀라운 일이다. 당대 제일의 인물로 만인의 존경을 받던 왕 건. 자존감이 누구보다도 높았던 그도 칠순을 넘기지는 못했다. 그런데 경순왕은 거의 90세가 다 되도록 장수했다. 거의 신선에 가까운 나이까지 살았던 것이다. 만일, 그가 수치스러운 항복을 했다면 정신적인 스트레스를 이기지 못해 병으로 죽거나 자결이라도 했어야 맞다. 그런데 그는 평생 전국 방방곡곡을 다니며 자유롭게 살았다. 지금도 그에 관한 기록이 남아 있는 사찰이 수십 개에 이른다.

만일 당시 경순왕이 수치의 대상이었다면 그가 평생 그 사찰에 있었다 하더라도 단 한 줄의 기록도 남지 않았을 것이다. 그

런데 경순왕에 관한 기록들이 많을 뿐 아니라 그중에는 자못 감동적인 내용들도 많다. 즉 당대에 그는 '적어도 그 흔적을 지워버리고 싶은 대상'은 아니었다는 것을 말한다.

그런 많은 의문과 함께 그가 죽었을 당시 고려사회를 상상해 보자. 이미 40년 전에 보위에서 밀려난 신라의 마지막 왕이 나이 아흔이 다 되도록 천수를 누리고 죽었다. 고려왕실에 할 만큼 했으니 그냥 편안하게 그의 고향에 묻히도록 보내주었어도 좋지 않았을까. 그러나 고려 왕실은 신라 유민들의 민심을 두려워했다. 그래서 이렇게 명령했다.

왕릉은 개경 100리 밖에 쓸 수 없다.

만일 그가 우리가 알고 있듯, 일말의 자존심도 없는 비겁한 군주였다면, 그래서 그가 죽거나 말거나 세상이 전혀 관심도 없는 그런 버려진 존재였다면 이런 명령은 할 필요조차 없었을 것이다. 어쩌면 그는 우리가 알고 있는 것과는 전혀 다른 인물이었을지도 모른다. 그의 죽음이 많은 신라 유민들에게 슬픔이 되고, 그래서 고려 왕실이 혹시라도 소요가 일어날까 걱정해야 될 만큼 그는 영향력 있는 사람이 아니었을까.

죽어서도 고향 땅에 돌아올 수 없었던 경순왕. 숭혜전 뜰에 서

면 문득 그가 이곳 경주 땅에서 너무도 멀리 있다는 사실에 가슴이 한편이 아려온다. 수치와 오욕의 이름으로 기억될망정, 백성의 죽음을 볼 수 없었던 왕, 그의 희생적인 리더십이 있었기에 신라의 백성은 물론, 경주의 찬란한 문화유산이 오늘날 이렇게 찬란하게 빛을 발하고 있는 것은 아닐까.

경순왕을 통해 보면 경주의 모든 것들이 더욱 애틋하고 소중하게 다가온다.

▪ 숭혜전 (崇惠殿)

경상북도 문화재자료 제256호. 신라 최초의 김 씨 임금인 13대 미추왕과 삼국을 통일한 30대 문무왕, 신라 마지막 임금인 경순왕의 위패를 모신 사당이다. 처음에는 경순왕(敬順王)의 덕을 기리기 위해 경주 월성에 지은 사당이었다. 그런데 임진왜란 때 사당이 불탄 후 위패만 모시고 제사를 지내다가 1627년(인조 5년)에 관찰사 김시양이 새로 사당을 지은 뒤 경순왕전, 황남전 등으로 불리다가 1887년(고종 24년)에 미추왕의 위패를, 그 이듬해에 문무왕의 위패를 이곳에 같이 모시면서 고종의 명으로 사당을 다시 증축하여 숭혜전으로 이름을 바꾸었다. 경순왕 유허비와 석조물들도 함께 보관되어 있다.

▪ 숭덕전 (崇惠殿)

경상북도 문화재자료 제254호. 경주시 탑동 소재. 박혁거세의 위패를 모신 사당으로 1429년(세종 11년)에 지었으나 임진왜란 때 불탄 것을 1600년(선조 33년)에 중건하였다. 안에는 박혁거세왕과 숭덕전의 내력을 새긴 신도비가 있다. 박혁거세의 무덤으로 알려진 오릉 옆에 있으며 임진왜란 이후 박 씨 문중에서 춘분과 추분에 제향을 봉행한다.

▪ 숭신전 (崇惠殿)

경상북도 문화재자료 제255호. 경주시 동천동에 있는 신라 제4대 왕 탈해왕의 위패를 모신 사당. 석탈해왕릉 보존회에서 소유, 관리한다. 조선 철종 때 월성(慶州月城) 안에 처음 세웠던 것을 월성 안 민가 철거 조치로 지금의 위치로 옮겨왔다. 춘분과 추분때에 향사를 지낸다.

▪ 경애왕릉 (景哀王陵)

사적 제222호. 경주시 남산 삿갓골 어귀에 55대 경애왕(924-927)의 능이라 전해 오는 무덤이 있다. 경애왕은 포석정에서 견훤에게 죽음을 당한 비극의 주인공이다. 규모도 신라왕릉 중 가장 작다. 원래는 직사각형으로 다듬은 석재로 호석을 세우고 5각형 돌기둥을 받친 민애왕릉과 같은 양식의 능으로 보이나 지금은 흙에 묻혀 보이지 않는다.

킹메이커 6부 촌장의 '박혁거세' 만들기

양산재와 표암재

경주박물관을 지나 포석정으로 가는 길에 나정이 자리 잡고 있다. 나정은 신라의 건국시조인 박혁거세의 탄생설화가 있는 중요한 유적지다. 그런데 바로 그 옆에 박혁거세를 신라의 영웅으로 만든, 아니 더 나아가 우리 역사에 신라라는 나라를 만든 이들을 만날 수 있는 매우 특별한 장소가 있다. 포석정과 나정의 유명세 때문에 무심코 그냥 지나치곤 하는 그곳은 바로 양산재다.

한반도 반만년 역사 가운데 신라 역사가 차지하는 의미는 각별하다. 신라는 한반도 최초의 통일국가이자 천년의 역사를 가진 유일한 고대왕국이다. 진정한 고대 한반도의 주인이었다고

할 수 있는 신라. 그런데 정작 우리는 이 신라를 탄생시킨 이들에 대해서는 무심한 편이다. 조선의 정도전은 알아도 신라의 '정도전'급 중요인사에 대해서는 관심이 별로 없다.

그런데 다행스럽게도 이들을 기억하고 신라의 뿌리를 되돌아볼 수 있는 곳이 바로 양산재다. 그렇다면 이곳의 주인공들은 누구일까. 그들은 바로 서라벌 알천 양산촌의 촌장이었던 이 알평을 비롯해, 돌산 고어촌의 촌장인 최 소벌도리, 무산 대수촌의 촌장 손 구례마, 취산 진지촌의 촌장 정 지백호, 금산 가리촌의 촌장 배 지타 그리고 명활산 고야촌의 촌장인 설 거백이다.

역사에선 이들을 신라의 6부 촌장이라 부른다. 후에 신라의 건국시조 박혁거세를 왕으로 추대함으로써 신라를 탄생시켜 역사상 최초의 킹메이커로 기록됐다. 후에 신라 3대 유리왕은 이들의 건국 공로를 기리기 위해 각각 이 씨, 최 씨, 정 씨, 손 씨, 배 씨, 설 씨 등 고유한 성을 내려 각 성씨의 시조가 됐다.

그런데 6부 촌장이 박혁거세를 왕으로 옹립한 과정을 자세히 살펴보면 이들이 요즘 같은 세상에도 보기 어려운 범상치 않은 정치고수임을 알 수가 있다. 냉정한 사가 김부식이 그의 사서에 기록할 만큼 이들의 행적은 흥미롭다. 먼저 〈삼국사기〉에서 이들에 관한 최초의 기록을 보자.

유민들이 산골 속에 나뉘어 살면서 여섯 마을을 이루었는데 첫째는 알천의 양산촌이라 하고 둘째는 돌산의 고허촌이라 하고 셋째는 취산의 진지촌이라 하고 넷째는 무산의 대수촌이라 하고 다섯째는 금산의 가리촌이라 하고 여섯째는 명활산의 고야촌이라고 하였으니 이것이 진한 6부가 되었다……

이들은 원래 신라 땅에 살던 토속 세력으로 각각 다른 문화와 전통을 가진 씨족 공동체였다. 그런데 어느 날 이들이 박바위란 곳에 모여 중대결단을 한다. 박바위는 요즘 말로 표암, 빛나는 바위란 뜻이다.

탈해왕릉을 지나 경주시청으로 가다 보면, 범상치 않은 바위 아래 단정하게 앉은 고옥 한 채를 지나치게 된다. 바로 표암재다. 표암재의 이름은 표암, 즉 박바위에서 비롯됐다. 표암재가 들어선 것은 조선 순조 때. 알천 양산촌(閼川楊山村)의 시조 이알평(李謁平)이 하늘에서 내려온 곳이기도 하지만, 신라 창건에 결정적인 사건이 있었던 곳이기도 하다. 관련 기록을 보자.

중국 전한의 선제 5년(B.C.69년) 3월 초 하루에 있었던 일이다. 6부의 조상, 즉 6촌의 우두머리들은 각기 그 자제들을 데리고 알천가 언덕에 모였다. 회의를 하기 위해서다. 그들은 입을 모아 그들을 다스릴 군주가 없으므로 백성들이 각자 제 마음 내키는 대로 행동하여 질서가 없음을 지적하고, 덕이 있는 이를 찾아내 군주로 세우고 나라의 틀을 마련하기로 했다….

이리하여 왕이 될 자를 수소문하던 중 나정이란 우물 옆에 있던 표주박 모양의 알에서 태어난 아기를 정성스럽게 잘 길러서 왕으로 세우니 그가 바로 신라의 시조 박혁거세다.

킹메이커의 선택 1-위기를 기회로 전환하라

이 이야기를 들으면서 대개의 사람들은 박혁거세라는 인물에 주목을 한다. 그가 태어날 때부터 비범했고 그래서 왕이 되었다는 사실만을 기억하는 경우가 대부분이다. 하지만 신라 건국의 주인공은 박혁거세가 아닌 박혁거세를 만들기 위해 이날 박바위 밑에 둘러앉은 6부 촌장이다.

그들은 원래 신라 땅의 주인이었다. 각자 자기 지역에서 씨족을 이루어 살던 이들은 어느 날, 그들을 다스려줄 왕을 뽑기로 했다. 그런데 놀랍게도 그들 중의 한 사람을 왕으로 추대한 것이 아니라 '덕이 있는 자를 찾아내어' 왕으로 세우기로 결정했다.

일러스트 김미영

고대의 정치는 정글을 방불케 한다. 이웃한 민족들끼리 피비린내 나는 전쟁을 통해 무력으로 이웃을 복속시키고 왕이 되거나, 지배 계급 내부의 정치적 암투를 통해서 왕이 되는 경우가 대부분이다. 그럼에도 불구하고 들은 스스로 왕이 되려 하지 않고 더 지혜로운 자가 왕이 되어야 한다는 생각을 한 것이다. 그런 시대에 6촌장의 정치적 결정은 다른 나라 역사에서는 유래를 찾아보기 어려운 장면이다.

이런 결단을 할 수 있었던 것은 국제정세의 변화를 읽고 있었기 때문으로 보인다. BC 69년 즈음 중국은 중국 최초의 통일국가였던 진나라에 이어 유방이 세운 한나라가 절정기에 이른 때였다. 마침 어린 황제를 제 마음대로 주무르던 승상 곽광이 죽어

정치적인 대 변혁을 겪고 있었다. 북쪽 동부여도 점점 나라를 확장해가는 위세가 심상치가 않았다.

이런 상황인데 서라벌에선 안타까운 일들이 벌어지고 있었다. 공동체가 커지면서 의리와 인정만으로는 더 이상 질서를 유지할 수 없는 상황이 된 것이다. '백성들이 마음 내키는 대로 행동했다'는 기록을 보면, 당시 씨족사회에서 배제된 계층이 기득권을 가진 이들에게 무력으로 저항하는 일이 있거나 집단 이기주의에서 시작된 불미스러운 사건으로 인해 씨족과 씨족 사이의 평화를 위협하는 상황들이 벌어졌음직하다. 그런 위기 상황에서 이들은 덕이 있는 자를 왕으로 세워, 씨족사회에서 왕국으로 정치적 업그레이드를 결정했다. 위기를 기회로 삼은 것이다!

킹메이커들의 선택 2-난생 설화 만들기

그런데, 6부 촌장들의 정치적 감각이 실로 빛나는 것은 그다음부터다. 위기 상황에 놓인 씨족 사회의 미래를 위해 이들이 선택한 왕은 당대를 주름잡고 있던 인물이 아니라 갓 태어난 아기였다. 〈삼국사기〉의 기록을 보자.

이들이 높은 곳에 올라 남쪽을 보는데 나정(蘿井) 가에 번개 같은 이상한 기운이 드리워져 있고, 한 백마가 무릎을 꿇고 절하는 모습을 하고 있었다. 다가가 보니 자줏빛 알이 있는데 말은 사람을 보더니 길게 울고는 하늘로 올라갔다. 사람들이 그 알을 깨뜨리자 사내아이가 나왔는데 모습이 단정하고 아름다웠다. 모두들 놀라고 이상하게 여기며 아이를 목욕시켰는데, 몸에서 광채가 나고 새와 짐승이 따라 춤을 추었으며, 천지가 진동하더니 해와 달이 맑고 밝아졌다. 그래서 이름을 혁거세왕이라고 하였다. 알 모양이 박을 닮았다 해서 성을 박 씨라 했다.

그렇게 태어난 박혁거세는 당연 특별한 인물이었다. 그러나 그를 왕으로 만든 것은 6부 촌장. 13살 때까지 왕으로서 배우고 익혀야 할 것들을 가르치고 섬겨서 왕으로 세우니 그때가 BC 56년. 그로부터 60년 동안 신라를 다스리다가 73세에 세상을 떠났다. 그런데, 여기서 한 가지 궁금증이 있다. 박혁거세는 실존 인물이 틀림없다. 그렇다면 그가 알에서 태어났다는 설화도 사실일까.

어느 시대를 막론하고 영웅에겐 최소 한 두 가지의 전설은 따라다닌다. 하다 못해 신기한 태몽 하나쯤은 누구에게나 있다. 그러니 신라 왕조를 세운 박혁거세에게 탄생설화가 있는 것이 이상한 일은 아니다. 그런데 어쩌다가 알에서 태어났다는 설화를 갖게 된 것일까. 오늘날의 우리가 생각하기에는 너무도 현실성이 없는 설화다. 좀 더 그럴싸한 이야기를 만들 수도 있었을 텐데 하는 아쉬움이 든다. 그런데 김부식의 〈삼국사기〉에 이 사실이 등장한다. 국가에서 편찬하는 관찬 사기에 왜 이런 얘기까지 적은 것일까. '알에서 태어난 것이 무슨 자랑이라고…'

그런데 그건 몰라서 하는 얘기다. 그 시대 알에서 태어난 것은 대단한 자랑거리였다. 고대 중국의 모든 건국시조들이 박혁거세와 같은 난생 설화를 갖고 있다. 한 마디로 '난생 설화'는 당대 건국시조가 갖춰야 할 가장 중요한 스펙이었던 것이다. 그런 관점에서 보면 이 난생 설화 역시 킹메이커 6부 촌장의 작품일 확률이 높다.

또한 난생 설화는 박혁거세가 토착민이 아닌 이방인이라는 사실을 암시하고 있다. 6부촌의 정치적 질서와 공평한 통치를 위해서는 어떤 특정 집단 출신이거나 특별한 친분관계가 있는 사람이 아니어야 했다. 더구나 왕위에 올랐을 당시 박혁거세의 나이는 겨우 13세. 지배계층을 불신하고 공동체를 위협하는 거친 백성들에게 왕으로 내세우기엔 너무도 어린 소년이었다. 하지만 난생 설화를 통해 박혁거세가 왕의 피를 갖고 태어났다는 신뢰감을 조성하고, 하늘이 내린 군주는 나이와는 전혀 상관없다는 여론을 이끌어낼 수 있었을 것이다.

또한 어린 왕은 자신을 왕으로 세워준 6부 촌장과 정치적으로 긴밀한 관계에 있었을 것이고, 어린 왕이 처리할 수 없는 대부분의 정사를 6부 촌장이 처리했을 가능성이 높다. 즉, 왕이란 매개체를 활용해 6부 촌장은 자신들의 실권을 잃지 않으면서도 정치적 갈등을 겪고 있던 백성들의 신뢰를 얻을 수 있었던 것이다.

더구나 이 당시 의사결정방식은 전원 만장일치제였다. 오늘날의 민주주의 사회와 전원 만장일치제의 사회는 많이 다르다. 민주주의는 나와 생각이 다른 최대 과반수를 무시하고 가는 것이다. 하지만 만장일치사회에서는 모두 같이 가야 한다. 누군가

이탈하면 가던 길을 멈추고 그가 돌아오기를 기다려야 한다. 그를 돌이키기 위해 때론 타협을 해야 하고 나의 소중한 것을 희생시켜야 할 때도 있다. 전원 만장일치의 사회란 그런 치열한 과정을 거쳐 만들어진다. 이 땅에 왕이 통치하는 진정한 국가를 탄생시키기 위해 그들이 인내하고 희생하면서 달려온 그 시간이야말로 신라 역사상 가장 아름다운 시간이 아니었을까.

표암재에서 나와 시내를 가로질러 가는 길에는 융성했던 신라 천년 문화의 흔적들이 즐비하다. 안압지, 첨성대, 계림, 월성을 지나 시내를 빠져나올 무렵 박혁거세의 무덤인 오릉이 보인다. 태어날 때도 신비한 전설과 함께 태어난 그는 하늘에 들려 올라갔다가 육체가 다섯 동강 나 땅으로 떨어지는 놀라운 전설과 함께 죽었다.

그렇게 박혁거세는 갔지만, 박혁거세를 통해 신라를 왕국으로 발전시킨 6부 촌장의 빛나는 정치적 선택인 만장일치제는 '화백제도'라는 이름으로 신라사회의 화합에 결정적인 역할을 했다. 그렇게 이 땅에 아름다운 화합정치의 전통을 만든 6부 촌장의 존재는 반목과 질시로 사회가 병들어가는 요즘 더욱 새롭게 다가온다.

healing trak info (성인 남성 75kg 기준/kcal)

코스	거리	난이도	시간	소모칼로리
양산재-나정-오릉-노서노동고분군-숭신전-탈해왕릉-표암재	7.5 km	하	2시간00분	600

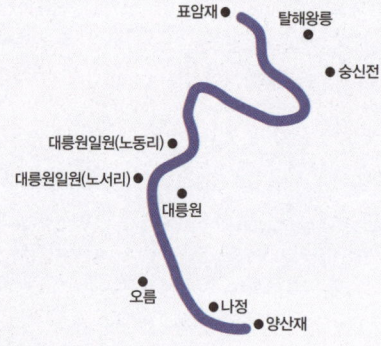

■ 경주 양산재(楊山齋)

6부 촌장의 위패를 모신 사당. 사당은 외삼문인 대덕문을 지나면 동편에 윤적당, 서편에 익익재가 배치되어 있고 내삼문인 홍익문이 있다. 홍익문 안에는 주건물인 입덕묘가 세워져 있으며 내부에는 이 씨, 최 씨, 손 씨, 정 씨, 배 씨, 설 씨 시조들의 위패가 모셔져 있다. BC 57년 알천 양산촌, 돌산 고허촌, 취산 진지촌, 무산 대수촌, 금산 가리촌, 명활산 고야촌의 6부 촌장들이 박혁거세를 신라의 첫 임금으로 추대하였다. 이후 3대 유리왕이 이들의 건국 공로를 기리기 위해 양산촌은 이 씨, 고허촌은 최 씨, 진지촌은 정 씨, 대수촌은 손 씨, 가리촌은 배 씨, 고야촌은 설 씨로 각각의 성을 내려 이들이 각 성씨의 시조가 되었다.

▪ 표암재(瓢巖齋)

경북기념물 제54호. 표암이란 '박바위', '빛나는 바위'를 뜻하며, 알천 양산촌의 시조 이알평이 이 바위에 내려와 세상을 밝게 하였다 하여 표암이라 부르게 되었다고 전한다. BC 69년, 6부 촌장이 여기에 모여 화백회의를 열고 신라 건국을 의결하여, BC 57년에 신라가 탄생했다. 이로써 표암은 경주 이씨 가문의 근원지인 동시에 신라 건국의 산실이자 화백이라는 민주정치의 발상지로서의 의미가 큰 곳이다. 조선 순조 6년(1806)에 이러한 의미를 새긴 유허비를 세웠고, 1925년에 표암재가 건립된 뒤 매년 3월에 그 뜻을 기리며 후손과 경주의 유지들이 제사를 지낸다.

▪ 오릉(五陵)

사적 제172호. 경주시의 남쪽 탑정동에 있으며 다섯 개의 무덤이 모여 있어 오릉(五陵)이라 부른다. 특이하게도 신라초기 무덤형식인 널무덤이나 덧널무덤이 아닌 돌무지덧널무 덤형식을 갖추고 있다. 〈삼국사기〉에 따르면 박혁거세와 2대 남해왕, 3대 유리왕, 5대 파사왕을 이 지역에 장례를 지냈다는 기록이 있어 4명의 왕과 박혁거세왕의 아내인 알영부인의 묘로 추측하고 있다. 한편 〈삼국유사〉에는 박혁거세가 왕이 되어 신라를 다스린 지 61년째 되던 해, 하늘로 올라갔다가 일주일 만에 다섯 개의 몸으로 나뉘어 땅에 떨어졌는데, 사람들이 이를 모아 장사지내려 하자 큰 뱀이 나타나 이를 방해하는 바람에, 다섯 개의 몸을 각각 묻어 오릉이 되었다고 기록하고 있다.

● 나음은 멈춤에서 시작된다
stop for healing

제망매가 祭亡妹歌

생사生死 길은
예 있으매 머뭇거리고,
나는 간다는 말도
못다 이르고 어찌 갑니까.
어느 가을 이른 바람에
이에 저에 떨어질 잎처럼,
한 가지에 나고
가는 곳 모르온 저.
아아, 미타찰彌陀刹에서 만날 나
도道 닦아 기다리겠노라.

월명사. 경덕왕 연간에 죽은 누이를 위해 지음.

제2부

그들이 사는 법

틴에이저, 한반도를 통일하다 • 화랑길
가야 출신 김유신의 대세 돌파하기 • 천관사지와 무열왕릉 그리고 김유신묘
공주의 남자, 새벽이라 불린 사나이를 위하여 • 원효와 분황사 그리고 월정교
토래인 식틸해의 미션 임파서블 • 월성과 계림
신라의 솔로몬, 경덕왕의 성공 비결 • 경덕왕릉
페르시아의 장수, 신라 왕릉의 수호신이 되다 • 괘릉
처용과 함께 거니는 달빛 서라벌 • 경주 심야 기행
400년을 이어온 '참 부자학' • 교촌 최부자집

틴에이저, 삼국을 통일하다

화랑길

최근 경주에 화랑길이 조성된 것은 여간 반가운 일이 아니다. 10개의 다양한 코스로 구성된 화랑길을 걸으며 천년 대국 신라를 가능케 한 꽃다운 틴에이저들을 만나 볼 수 있게 되었으니 말이다.

천하의 영웅들은 다 화랑에 모였다.

일찍이 동방의 성자로 칭송받았던 최치원은 화랑을 이렇게 평가했다. 오늘날의 우리도 화랑에 대해서는 알만큼 아는 편이다. 화랑도는 6세기경 진흥왕 때 신라군의 핵심조직으로 출발했

다. 화랑은 화랑과 낭도로 구성되는데 화랑은 지도자로서 진골 귀족 중에서 낭도가 추대하여 선출하고 낭도는 다른 귀족과 평민 출신의 자녀들로 이루어졌다. 이들은 원광법사가 창시한 세속오계를 지키며 사회를 이끌어가는 아름다운 청년들이라 하여 화랑이라 불리게 됐다.

천년 신라 역사 속에서 이들을 빼놓고 생각할 수 있는 부분은 그리 많지 않다. 〈삼국사기〉, 〈삼국유사〉를 대략 훑어만 봐도 전인적 인격을 가진 그들의 폭풍 같은 영웅적 삶을 너끈히 짐작할 수 있다. 특히 성덕왕(702-732) 때 사람인 김대문(金大問)의 저서 《화랑세기(花郞世記)》에는 당시 낭도를 이끌었던 역대 화랑이 200여 명에 이른다는 기록이 등장한다. 한 명의 화랑이 적게는 수십 명, 많게는 수백 명의 낭도를 거느렸다는 점을 감안한다면 성덕왕 때 화랑의 규모가 수십만에 이르렀음을 짐작할 수 있다.

화랑, 전사이자 사회통합의 링커 그리고 풍류가객

이들은 국가와 백성을 위해 자신의 삶은 내놓은 전사이자, 정신과 육체를 강하고 아름답게 수련했던 수도자였다. 시와 가무 그리고 그림에 탁월했던 당대의 풍류가객이면서도 유, 불, 선의

일러스트 김예림(PAW)

도를 모두 실천함으로써 종교적 갈등을 해소하고 정신적으로 신라사회를 통합하는 데 결정적인 역할을 했다. 그런 화랑에 대해 고운 최치원은 이렇게 극찬했다.

> 화랑들은 부모에게 효도하고 나라에 충성을 다하니, 이는 공자(孔子)의 가르침이며(儒敎), 모든 일을 거리낌 없이 처리하고, 말은 아끼면서 실행은 빠르니 이는 노자(老子)의 가르침이며(仙敎), 악한 일을 멀리하고 착한 행실만 신봉하여 행하는 것은 석가(釋迦)의 가르침을 실천하는 것이다.

남자이면서도 아름답게 화장을 해서 자신을 꾸몄고, 말과 입에서는 고매한 학식과 지혜가 넘쳐났으며 전쟁에 임해서는 조국을 위해 자기 한 몸을 초개처럼 던질 줄 아는 용기를 지녔다. 이런 화랑의 기풍을 가리켜 고운 최치원은 '현묘한 도'라 하고 '풍류도'라 칭했다. 시대의 아이돌이었던 그들이 역사에 그들이 남긴 감동적인 영웅담은 한두 가지가 아니다.

신라 역사에 있어서 가장 먼저 거론되는 영웅인 김유신은 18세에 신라 화랑의 사령관 격인 풍월주로 선출됐다. 가야국의 시조인 김수로의 12대손으로 신분적 불리함에도 불구하고 그는 풍월주가 되자마자 신분의 차별을 철폐해서 평민들도 화랑이 될 수 있는 문을 열어놓았다. 그 결과 철저한 신분제도로 이분된 신라 사회를 통합하는 데 결정적인 실마리를 제공했다. 뿐만 아니라 신분과 파벌로 얼룩진 화랑도 내분을 종식시키고 삼국통일의 꿈을 심어줌으로써 10대의 어린 나이임에도 백전노장이 즐비한 고구려와 백제군을 상대로 통일을 이룩할 수 있었다.

김유신의 뒤를 이어 16대 화랑의 지도자가 된 보종이란 인물은 당시 살아있는 '신선'으로 불리던 탁월한 현인이었다. 김유신이 후에 '선도를 알고자 하면 보종을 따르고 국가를 위해 싸우고자 하거든 나를 따르라'고 말할 만큼 온화하고 겸손하며 평화와 더불어 사는 환경을 사랑했던 보종 역시 '산천을 주유하며 몸과 마음을 닦는' 화랑도의 고매한 기풍이 낳은 인물이다. 김유신은 탁월한 예지력과 용맹으로 화랑들을 다스렸다면 보종은 고매한 인격과 탁월한 학식으로 화랑들을 이끌어 신라 화랑도에는 세상 영웅들이 다 모였다는 칭송을 들을 만했다.

어디 그뿐인가. 김유신의 아들로 적진에서 목숨을 바친 원술랑. 황산벌 싸움에서 자신을 던진 어린 화랑 관창, 향가의 주인공이자 당대 최고의 영웅이며 도인이었던 기파랑과 죽지랑, 우리가 승려로 알고 있는 월명사와 충담사도 원래는 화랑이었다. 그 외에도 문노와 보천, 외래인 처용도 화랑이 되어 한 시대를 풍미했었다.

사다함의 생애를 통해서 본 신라의 화랑 만들기

그렇다면 신라는 어떻게 이런 엄청난 10대들을 만들었던 것일까. 〈삼국유사〉에 등장하는 전설적인 사다함의 생애를 통해 어떤 과정을 통해 화랑 한 사람이 배출되는지 들여다보기로 하자.

그는 내물왕의 7대손이자 구리지의 아들로, 갓 열 살이 넘었을 때 낭도들에 의해 화랑으로 추대됐다. 이후 1,000여 낭도를 거느린 화랑으로 널리 이름을 떨치던 중 15살이 되었던 562년(진흥왕 23)에 가야국 정벌에 참전해서 큰 공을 세웠다. 당시 임금은 밭과

가야인 포로 300명을 그에게 주었는데 받은 자기를 따르던 병사에게 나눠주고 포로는 모두 풀어 주었다. 그는 어릴 때 화랑 무관랑(武官郎)과 우정을 맺고 생사를 같이 하기로 약속을 한 바 있는데 무관랑이 병사하자 7일 동안 통곡하다가 따라 죽었다.

 10살이 넘었을 때 낭도들에 의해 화랑으로 추대됐다. 물론 내물왕의 7대손이자 진골 출신이니 당연한 일이라 해도 나이가 놀랍다. 그렇다면 다른 낭도들의 나이는 사다함보다 많았을까. 그렇지는 않았을 것이다. 아무리 왕족 출신이라 해도 낭도들보다 나이가 많이 어렸다면 화랑이 될 수는 없었을 것이다. 그렇다면 보통 사내아이들이 낭도가 되는 나이가 대략 일곱 살쯤이라고 볼 수 있고 낭도가 되기 위한 준비는 그보다 더 어릴 때부터 한다고 생각할 수 있다. 요즘보다 더 이른 조기교육이 이루어졌다는 사실을 미루어 짐작할 수 있다.
 전설적인 화랑 중의 한 명인 관창은 우리도 잘 알고 있는 감동적인 10대 중 한 사람이다. 그는 660년, 황산벌 전투에서 신라군이 계백장군이 이끄는 백제군에게 고전을 면치 못할 때, 죽음으로서 신라군의 사기를 이끌어낸 영웅이다.
 10대들의 이런 놀라운 행동력은 다름 아닌 책임감에서 비롯된다. 요즘 우리 아이들처럼 유치원부터 대학까지 오직 공부만

하는 그런 세대가 아니었다. 이미 열 살이 되기도 전에 나라와 민족과 부모, 친구와 공동체를 위해 목숨 바쳐 헌신할 각오가 되어 있는 세대였다. 그들은 이미 그때부터 자기 행동과 일에 대한 책임감이 있었다. 그리고 기초 학문은 물론 유불선의 모든 종교를 몸소 익힌 지식인들이었고 동시에 탁월한 수준의 무예실력도 갖추었다. 당시의 열 살 아이의 정신세계와 사회 적응능력은 요즘의 성인을 능가하는 수준이었다.

사다함의 경우 이미 15살엔 천명이 넘는 낭도를 거느렸다. 당시는 고구려와 백제, 가야 등 주변국과의 전투가 빈번했던 시기다. 그러니 이미 수많은 전투 경험을 쌓았을 것이다. 그러다가 15살 때는 가야와의 전투에서 이겨서 부상으로 300명의 포로와 논밭을 상으로 받을 정도였다. 그런데 그 어린 나이에도 포로를 풀어주고 논밭을 부하들에게 나눠주는 대인 같은 마음을 가졌다.

사다함 생애의 백미는 죽음이다. 위대한 화랑이자 장차 화랑의 리더인 풍월주로서 손색이 없는 스펙을 갖춘 사다함은 친구 무관랑의 갑작스러운 죽음을 슬퍼하다가 일주일 만에 절명했다. 요즘 세상에선 상상도 못할 일이다. 연인 미실의 배반도 묵묵히 이겨냈던 사다함이 뜻밖에도 친구의 죽음 앞에서 무너진 것이다.

이처럼 신라 화랑들에게는 요즘 10대들에게는 볼 수 없는 특별한 우정이 존재했던 것을 알 수 있다. 화랑에게 친구는 가족이나 자기 자신 이상의 존재였다. 좋은 친구를 얻으면 온 천하를 얻은 듯 기뻐하고, 친구의 생각과 삶의 방식을 존중하며 친구의 의로운 죽음의 가치를 자신의 목숨으로서 지키고 기억하는 일을 명예롭게 여겼다.

 그것은 명예나 목숨만큼이나 우정의 가치를 소중히 여기도록 가르친 화랑교육의 영향이다. 신라는 교육과 현장을 병행한 화랑제도를 통해서 책임감 있고 도량이 넓으며 동료를 자기 목숨만큼 아끼고 사랑하고 믿어주는 사람을 길러냈다. 그런 가치관을 중요하게 여겼기에 사다함의 죽음이 역사의 한 페이지를 장식하게 된 것이다.

10대는 인생에 있어 가장 순수하고 아름다운 시간들이다. 신라는 그 아름다운 10대들을 통해 나라를 성장시켰다. 자존감이 낮고 호족, 종교별로 나뉜 민심을 통합했다. 역사상 가장 순수하고 용기 있는 틴에이저, 삼국통일의 진정한 주역은 바로 그들이었다.

일러스트 김예림(PAW)

healing trak info

(성인 남성 75kg 기준/kcal)

코스	거리	난이도	시간	소모칼로리
왕신버스종점-무장사지-오리온목장-억새밭-전망대	12 km	중/상	5시간	1800

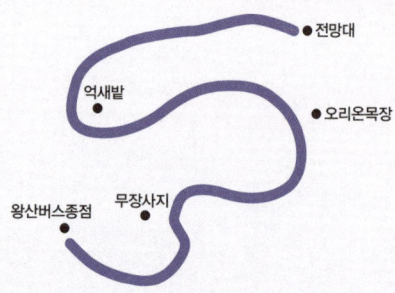

■ 설원랑(薛原郎)

최초의 화랑이다. 『삼국유사』에 의하면 진흥왕 때 화랑도를 제정하고 최초의 화랑으로 받든 인물이 설원랑이라 하며, 그 비석을 명주(지금의 강릉)에 세웠다 한다. 또한 『삼국사기』 악지에는 「사내기물악(思內奇物樂)」이라는 가곡이 있는데 설원랑이 지은 것으로 전해지고 있다.

▪ 알천랑(閼川郎)

636년(선덕여왕 5) 이찬이란 직위에 있을 때 화랑 필탄과 함께 왕명을 받고 독산성을 공격하기 위하여 여근곡에 숨어 있던 백제 장군 우소의 군사를 물리쳤다. 647년(진덕여왕 1) 상대등에 올라 7년간 재임하였다. 또한 화백회의의 의장을 맡기도 하였는데, 당시 화백회 구성원은 술종·임종·호림·염장·유신 등이었다. 654년 진덕여왕이 죽은 후에 성골로 왕위를 계승할 사람이 없자 화백회의에서 섭정왕으로 추대되었지만, 노령을 이유로 김춘추에게 양보하였다.

▪ 문노(文努)

제8대 풍월주. 아버지는 비조부 공이고, 어머니는 가야국 문화 공주다. 문노 스스로 자신의 외가가 가야라 했고, 가야계 인물들을 모아 파벌을 만들기도 했다. 4대 풍월주 이화랑의 명에 의해 5대 풍월주였던 사다함의 스승이 될 정도로 검술이 뛰어났다. 554년 17세의 나이로 화랑 무력을 따라 백제를, 555년에는 고구려를 치고, 557년에는 북가야와의 전쟁에 참여했다. 미실의 총애를 받아 8대 풍월주가 되었다. 화랑 조직을 개편해 삼국통일의 한 기반을 마련한 인물이기도 하다. 69세의 나이로 죽은 뒤 포석사에 그의 화상을 모셨다. 두 아들의 벼슬이 상대등에 이르러 신라의 대표적인 권문세가로도 꼽힌다.

가야 출신 김유신의 대세 돌파하기

천관사지와 무열왕릉 그리고 김유신 묘

빛이 강할수록 그림자도 짙다. 김유신이란 이름이 역사 속에서 찬란하게 빛을 발할 때면 더욱더 어둡게만 느껴지는 곳이 바로 천관사지다. 찬란한 고도 경주에서 가장 쓸쓸한 곳 중의 하나다. 천관녀가 김유신을 그리워하다 목숨을 끊었다는 곳, 삼국 통일을 이룩한 후에 김유신이 그녀를 위해 천관사를 세웠지만 그나마도 오랜 세월의 풍파 속에 완전히 훼파되어 무심한 바람만 오가는 길이 되었다.

위대한 영웅 김유신이 탄생하기까지 숱한 고비가 있었지만 그중에서도 천관녀의 죽음은 김유신 인생에 가장 가슴 아픈 고비이자 생의 분깃점이라 할 수 있다. 멸망한 가야의 왕손으로 태

어나 삼국통일의 꿈을 품은 청출어람 김유신. 그러나 그에게 봄바람 같은 사랑이 찾아왔다. 당시 가야 출신이라는 신분적 한계 때문에 외로웠을 그에게 천관녀의 사랑은 얼마나 달콤했을까. 더 이상은 높이 오를 수 없는 날개 잃은 새와도 같던 그에게 천관녀는 더없이 좋은 도피처였을 것이다. 하지만 그의 가슴속엔 사랑보다 더 뜨거운 야망이 있었고 결국 천관녀와의 운명 같은 사랑을 스스로 베어낸다. 천관사지는 그런 면에서 영웅 김유신 인생의 진정한 출발점이기도 하다.

  이후 김유신은 선덕여왕과 김춘추의 지지를 받으며 신라 정치의 핵심으로 부상했고 결국 삼국통일의 실질적인 주역이 됐다. 그의 인생은 단 한 번의 굴곡도 없는 팽팽한 수직상승이었다. 하지만 그의 생애에 거저는 없었다. 늘 산 너머 산이었다. 밖으로는 오만한 당나라의 횡포와 싸워야 했고, 안으로는 가야출신이라는 신분적 제약에 부딪혔다. 그러나 그는 한번 뜻을 품은 뒤에는 포기하지 않았다. 오직 꿈을 향해 쉬지 않고, 주저 없이 앞으로 달려간 사람, 그가 바로 영웅 김유신이었다.

몰락한 가야 왕손의 난공불락 신분의 벽 돌파하기

태종무열왕릉과 김유신의 묘는 아주 가까운 곳에 있다. 죽어서도 이들은 떨어지기 싫었나 보다. 역사의 흐름을 바꾼 만남, 김유신과 김춘추. 비록 태어난 나라도 신분도 달랐지만 그들은 같은 꿈을 품고 한마음으로 대를 이어 우정을 이어나간 사이다. 하지만 그들의 우정은 김유신의 집념에서 비롯됐다.

595년, 김유신은 신라의 장수 김서현과 만명부인 사이에서 태어났다. 어머니 만명부인은 진평왕의 아우인 숙흘종의 딸이고 할아버지 김무력은 관산성 전투를 승리로 이끈 장군이었다. 그런데 그의 증조부 구해는 금관가야의 마지막 왕이었다. 할아버지 김무력은 원래 금관가야의 왕자였던 것이다. 구해왕이 신라에게 자진하여 항복했다는 기록과 끝까지 신라에 항전했다는 두 개의 기록이 남아 전하고 있어 상황은 정확히 알 수 없지만, 한 가지 분명한 것은 김유신이 신라계가 아닌 가야계 인물이라는 사실이었다.

엄격한 신라 사회에서 가야 출신이라는 꼬리표는 심각한 장애물이었다. 그는 온 나라가 다 아는 장수의 손자요, 그 아버지 김서현 역시 신라 조정의 고위 관료였지만 그는 열다섯이 되어서야 비로소 화랑이 되었다. 탁월한 검술과 인품의 소유자임에도 불구하고 사다함 같은 신라의 귀족 청년들이 열 살 남짓에 화랑이 된 것에 비하면 김유신의 진급은 상당히 늦었음을 알 수 있다.

전쟁터에서 그는 늘 위기에 처한 신라군을 구해내고 적의 허를 찌르는 전략으로 전투를 승리로 이끄는 견인차 역할을 했다. 하지만, 그는 늘 신라계 화랑들보다 야박한 대우를 받았다. 고구려의 낭비성 전투에서 공을 세워 명성이 온 나라에 퍼진 뒤에도 그의 공은 폄하되고 쉽게 잊었다.

김유신은 이런 현실을 비관하지 않고 돌파하기로 결심한다. 가야 출신이라는 신분적 한계를 극복할 수 있는 방법은 왕족이 되거나 왕족의 강력한 비호를 받는 것뿐이었다. 그래서 생각한 것이 누이동생을 왕족인 김춘추에게 시집보내는 방법이었다.

어느 날, 김유신은 김춘추와 공놀이를 하다가 일부러 김춘추의 옷자락을 밟아 옷고름을 뜯었다. 그리고는 집으로 들어가 두 누이에게 차례로 꿰매게 하는데 언니인 보희는 병을 핑계 삼아 거절하고 동생인 문희가 옷고름을 꿰맸다. 그것이 인연이 되어 김춘추는 문희와 사랑에 빠져 1년쯤 지난 뒤에 문희가 임신을 하게 됐다.

김유신은 쾌재를 부르며 이 사실을 김춘추에게 알렸지만 예상외의 상황이 벌어졌다. 김춘추가 난색을 표한 것이다. 당시 김춘추는 보종의 딸 보라궁주와 결혼해 자식까지 둔 처지였다. 무엇보다 아내를 극진히 사랑했다. 또 한 가지 결정적인 장애물은 김유신의 신분이었다. 왕족은 가야 출신과 혼인할 수 없었던 것이다. 그래서 김춘추는 유신과의 돈독한 우정에도 불구하고 이런 저런 핑계를 대며 문희를 아내로 맞기를 거절했다.

그러자 유신은 꾀를 내어 선덕여왕이 근처에 행차하는 날을 잡아 일부러 문희를 불에 태워 죽인다며 연기를 피워 올렸다. 선덕여왕이 문희가 임신한 사실을 알고는 김춘추에게 '그 아이의 아비가 누구냐'고 묻자 천하의 달변가인 김춘추가 말을 못 하고 얼굴색이 변했다. 그러자 선덕여왕은 춘추가 자신의 신분 때문에 문희를 데려오지 못하는 줄 알고 '가서 구하지 않고 뭐하느냐'고 재촉했다. 여왕의 권한으로 둘의 결혼을 허락해준 것이다!

가까스로 문희는 김춘추의 첩이 되었다. 그런데 임신 중이던 보라궁주가 아이를 낳다가 아이와 함께 숨을 거둔다. 그녀의 갑작스러운 죽음은 김유신의 누이가 김춘추의 아이를 임신했다는 소식이 전해진 뒤 배신감과 충격으로 인한 것이라고 전해진다. 결국 첩이었던 유신의 누이동생은 하루아침에 김춘추의 정부인이 되고 얼마 뒤 첫아들을 낳으니 그가 바로 후일 문무왕이 된 법민 왕자다.

하늘은 스스로 돕는 자를 돕는다. 꿈을 품고 치열하게 달려갈

때 하늘도 문을 연다. 우연도 생긴다. 남들은 절대 만나지 못하는 행운이 겹친다. 그런데 이 사건은 단순히 김유신 개인의 행운으로 끝나지 않았다. 보라궁주는 당대의 실세였던 미실의 손녀였고 신라의 모든 화랑이 존경하고 따르던 유신의 맞수 보종의 딸이었다. 권력판도 변화에 민감한 미실이 김춘추의 왕위 계승 가능성을 이미 간파하고 자신의 손녀딸을 김춘추와 결혼시켰던 것인데, 보라궁주의 갑작스러운 죽음으로 가야 출신 여인이 왕족의 정실부인이 된 것이다. 그렇게 김유신의 집념이 천하 여걸이었던 미실의 계획을 물거품으로 만들었다. 아무리 명문대가 출신이라 해도 성골이나 진골 출신이 아니면 신라의 귀족도 왕실 진입이 어려웠던 신라 사회에서 김유신 가문의 왕실 진입은 신라 신분제도의 뿌리를 뒤흔드는 엄청난 사건이었다.

그가 만일 신분 때문에 출세에 제약이 있는 현실에 안주했다면 그 개인의 삶뿐만 아니라 우리의 고대사도 완전히 다르게 흘러갔을 것이다. 한 사람의 집념이 개인의 인생뿐 아니라 결국 신라라는 나라의 운명까지 바꾸는 데 결정적인 영향을 끼친 것이다.

왕족 김유신, 신분제에 묶여있던 화랑제도 개혁하다

유신은 자기 자신의 신분상승만 이룬 게 아니다. 화랑 시절, 15대 풍월주가 된 그는 신라사회에서는 절대 용납할 수 없는 개혁을 단행한다.

화랑제도는 원래 출발부터 귀족 자제들 중심의 공동체였다. 그래서 리더 격인 화랑은 귀족 자제만 할 수 있었다. 엄격한 신분사회였기에 평민은 아무리 실력이 뛰어나도 화랑이 될 수 없었다. 그러니 평민 출신 낭도들은 스스로 실력을 갈고닦아 공을 세우려고 하는 이보다 힘 있는 귀족 자제의 편에 붙어 덕을 보려는 풍조가 횡행했고, 귀족 자제들은 노력을 하지 않아도 화랑이 될 수 있기 때문에 자신을 수련하기보다는 무리를 지어 화랑들 사이에 분열을 일으키고 충돌하는 일들이 생겨났다. 당시 신라는 삼국 중에 가장 작은 나라로 고구려와 백제를 정복하려면 한 마음으로 단합을 해야만 하는 상황이었다. 엄격한 신분제는 그 단합을 방해하는 최대의 장애물이었다.

김유신은 풍월주가 되자마자 단호하게 신분 제한을 철폐한다. 평민 출신이라도 실력과 인품이 출중하면 공정한 심사를 거쳐 화랑이 될 수 있도록 한 것이다. 이것은 단순히 평민 출신 낭도가 화랑이 될 수 있다는 수준에서 끝나는 게 아니라 전투에서 공을 세우고 벼슬을 받으면 귀족도 될 수 있는 수직 신분상승 기회를 부여한 것이었다.

자세한 기록은 전하지 않지만, 이 조치는 아마도 신라 조정과 화랑도 안에 엄청난 파문을 일으켰을 것이다. 유신은 또다시 곤경에 처하고 가야 출신이라는 핸디캡을 들춰내며 비난했을 것이다. 하지만 김유신은 끝까지 밀고 나갔다.

시간이 지나면서 그의 결단은 화랑도 안에 엄청난 변화를 가져온다. 먼저 화랑들의 눈치나 보면서 줄 서기에 급급했던 낭도들의 태도가 달라졌다. 귀족 출신 자제들도 긴장을 하지 않으면

안 되는 상황이 됐다. 왜냐면 평민들이 화랑이 되면 어쩔 수 없이 그들의 통제를 받아야 하는 상황이 되기 때문이다.

유신은 귀족 출신 화랑들의 능력도 객관적으로 평가하고 높이 평가하는 아량을 잊지 않았다. 특별히 보종은 유신의 맞수였다. 무신으로서의 기질이 강했던 유신에 비해 보종은 탁월한 학문과 예지적인 능력으로 많은 화랑들의 존경을 받고 있었다. 언제나 유신과 대척점에 있으면서 유신의 결정을 견제하는 보종이었지만 유신은 너그럽게 자신의 부족함과 그의 탁월함을 인정하고 그를 높였을 뿐 아니라 그를 16대 풍월주로 추천했다.

이런 공평무사의 태도는 시간이 지나면서 평민은 물론 귀족 출신 화랑들 사이에서도 인정을 받게 되었고, 화랑은 내부 결속력이 높아졌을 뿐 아니라 전력도 눈부시게 성장했다. 삼국통일의 과정에서 눈부시게 활동했던 화랑의 전설은 바로 이런 조치를 통해 이루어졌던 것이다.

영웅 김유신 최고의 선택, 끝까지 신하의 길을 가다

김유신은 673년(문무왕 13) 7월, 병으로 세상을 떠났다. 왕실은 그의 고향이 아닌 경주시에 그의 무덤을 조성하도록 했고 왕릉에만 장식할 수 있는 정교한 12 지신상을 호석으로 사용하도록 허락했는데 사후 160여 년 뒤인 835년(흥덕왕 10)에는 실제로 흥무대왕으로 추존됐다. 조선시대인 명종 18년(1563)에는 경주 부윤 이정과 지방 유림들이 태종무열왕릉 근처에 서원을 짓고 그의 위패를 모셨다. 퇴계 이황이 직접 서원의 이름을 짓고 글씨를 써서 현판을 달았는데 그곳이 바로 오늘날의 서악서원이다. 지금은 신라를 대표하는 두 성현인 설총과 최치원의 위패도 나란히 모셔져 있지만 원래 이곳은 김유신을 기념하기 위해 세워진 서원이다.

이처럼 왕조는 바뀌어도 그를 추모하는 마음은 지금도 한결같다. 그 이유는, 그가 신라 역사에 남긴 빛나는 공로 때문이기도 하지만, 그의 한결같은 초심이 우리를 감동시키기 때문일 것이다. 사실 김춘추가 죽었을 때 그는 자타가 공인하는 신라 최고의 영웅이었다. 그에게 최고의 벼슬을 주기 위해 새로이 관직의 이름을 지을 만큼 그의 존재는 막강했다. 한마디로 그는 맘만 먹으면 조카 법민의 왕위를 뺏을 수도 있는 최고의 권력을 가진 인물이었다.

더구나 그는 멸망한 금관가야 왕실의 피를 물려받은 왕손이었다. 금관가야가 존속됐다면 그는 왕이 되었을 것이다. 또한 그가 신라사회에서 왕족이 아니라는 이유로 당한 설움은 얼마나 컸던가. 그런데 그 모든 것을 설욕할 기회가 왔고 그는 사실 왕위를 찬탈할 기회와 능력을 갖추고 있었다.

그런데 당시 기록을 보면 그는 왕위찬탈에 관해서는 생각도 해보지 않은 사람인 듯하다. 그는 권력보다는 의리와 신의를 중요시했으며 무엇보다 삼국통일이라는 원대한 꿈을 위해 최선의 길이 무엇인가만을 생각하는, 그런 사람이었다.

그는 김춘추에게 그랬듯 조카인 문무왕에게도 한결같았다. 대를 이은 우정이자 충성이었다. 전쟁터에서 그의 존재감은 천신이 강림해서 태어난 인물이라는 전설이 따라다닐 만큼 절대적이었다. 그러나 그는 단 한 번도 왕위를 넘보지 않았다. 그는 신분상승을 위해 계획적으로 김춘추를 동생과 결혼시킬 만큼 집요한 면도 있었지만 권력의 노예가 되지는 않았다. 온 천하가 두려워하고 신처럼 여기는 영웅이 되고도 그는 끝까지 충성된 신하의 길을 지켰다. 평생을 신하로 살았지만 신라의 어떤 왕보다도 더 왕다운 길을 걸어간 김유신. 그래서 그는 진정한 영웅이다.

healing trak info

(성인 남성 75kg 기준/kcal)

코스	거리	난이도	시간	소모칼로리
천관사지-무열왕릉-서악서원-김유신묘	6.0km	하	2시간00분	800

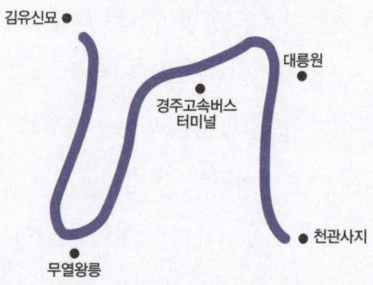

■ 천관사지(天官寺址)

사적 제340호. 도당산 서쪽 기슭 논 가운데 위치. 완전히 훼파되어 불상대좌의 지대석으로 보이는 석재와 몇 개의 탑재와 주춧돌이 논둑에 박혀 있다. 김유신의 연인이었던 천관녀는 사랑에 실패한 뒤 자살을 했다. 후에 삼국통일을 한 유신이 그녀의 왕생극락을 위하여 절을 세웠다고 한다.

■ 무열왕릉(武烈王陵)

사적 제20호. 태종무열왕 김춘추의 릉이다. 지름 36.3m, 높이 8.7m로 비교적 큰 자연석을 무덤의 보호석으로 놓았으며, 능 앞에는 혼유석(혼이 머무는 바위)이 있다. 비각에는 비석을 받쳤던 거북이 머리장식의 받침대(국보 제25호)가 있는데 그 머리 부분에 태종무열대왕 지비(太宗武烈大王之碑)라 새겨져 있어, 이 무덤의 주인이 밝혀졌다.

■ 김유신묘(金庾信墓)

사적 제21호. 경주 송화산 동쪽 언덕에 있다. 김유신은 삼국통일 제1의 공신으로 660년 백제를 멸망시켰고 668년에 고구려를 멸망시킬 당시에는 신라군의 총사령관인 대총관이었다. 무덤은 지름이 30m에 달하는 큰 봉분으로 빼어난 솜씨의 12 지신상으로 무덤을 둘렀다. 원래 왕릉에민 하게 되어 있넌 12 지신상이 김유신의 묘에 등장하게 된 것은, 흥덕왕이 김유신을 흥무대왕(興武大王)에 봉하고 그 격을 높이면서, 왕릉이 예를 갖춰 두른 것으로 보인다.

공주의 남자, 새벽이라 불린 사나이를 위하여

원효와 분황사 그리고 월정교

신라 시대, 남자라면 두 가지 꿈을 꾸었다. 화랑이 되거나, 승려가 되거나. 그것이 최고의 명예이자 출세였다. 신라의 역대 왕들은 강력한 숭불 정책으로 민심을 안정시키고자 노력했고 그 결과 신라의 불교는 종교적 차원을 넘어 언어에 가까웠다.

모든 문화와 철학과 삶의 애환이 불교라는 거대한 가마솥 안에서 숙성되고 완성됐다. 특히 선덕여왕 재위 당시 황룡사를 복원하고 9층 목탑 건설이 시작되면서 불교에 대한 신라인들의 인식은 일대 전기를 맞는다. 이전에는 당나라와 인도 불교의 영향을 받았던 신라의 불교는 이제 '신라 땅이 곧 부처의 땅'이라는 자긍심을 갖게 되었고, 그 영향 아래 탁월한 고승들이 태어난다.

그중 대표적인 인물이 원효다.

분황사에서 월정교까지, 승려 원효, 공주의 남자가 되다

원효를 삶을 이해하는 데 가장 도움이 되는 인물은 의상이다. 이 두 사람은 거의 비슷한 시기에 출가한다. 진골 출신의 왕족이었던 의상이 19살의 나이로 황복사에서 출가를 했을 무렵, 원효는 이미 몇 년 전에 15살의 나이로 가진 재산을 모두 시주해 스스로 절을 짓고 수행에 돌입한 상태였다. 원효는 그렇게 출발부터가 튀는 인물이었다. 그러다가 정작 출가를 한 것은 서른 두 살 때였는데 당시 그가 몸담고 있던 황룡사와 황복사는 지근거리였다. 아마도 선택받은 혈통인 왕족 출신 의상과 말단 관리의 아들로 태어난 자유로운 영혼 원효는 황룡사와 황복사가 있던 구황동에서 만나 평생의 친구가 되었을 것이다. 그렇게 자기만의 방법으로 열심히 불법을 연구하고 수행을 계속하던 두 사람은 어느 날 의기투합하여 당나라 유학길에 오른다. 원효의 나이 34살, 의상의 나이 26살 때였다. 그런데 요동에 도착했을 때 첩자로 몰려 억류되어 있다가 구사일생으로 돌아온다.

두 사람은 포기하지 않고 11년 뒤인 661년에 다시 당나라 유학길에 도전한다. 당시 원효의 나이 40대 중반, 의상도 마흔을 바라보는 나이였다. 그런데 이번에도 뜻밖의 사건이 원효의 유학길을 막는다. 우리가 잘 알고 있는 동굴 사건이 벌어진 것이다. 자기도 모르고 해골에 담긴 썩은 물을 먹은 원효는 '세상만사 마음먹기 마련인데 신라 땅에서도 깨달음을 얻지 못할 까닭이 없다'고 생각하고 유학을 포기한다. 그리고 홀로 당나라로 떠나는 의상을 배웅한 뒤 서라벌로 돌아온다. 이후 원효는 분황사에 머물렀을 것으로 추정되고 있다.

그는 이곳에서 〈화엄경소〉 등과 같은 명저를 저술하지만 그나마도 도중에 붓을 꺾는다. 깨달음을 서술로 남기는 것보다 속세에서 그 깨달음을 살아내는 것이 진정한 수행이며 화엄이라 생

각했기 때문이다. 그리고는 미치광이처럼 세상을 떠돌면서 이렇게 떠들고 다녔다.

> 누가 내게 자루 없는 도끼를 주면 하늘을 떠받칠 기둥을 만들 텐데…….

대개의 사람들은 이 말이 무슨 뜻인지 잘 이해하지 못했다. 하지만 태종무열왕은 그 말을 전해 듣자마자 원효가 비범한 인물이라는 사실과, 귀한 여인을 만나 아들을 낳고 싶어한다는 사실을 알아차렸다. 당시 왕에게는 화랑 김흠운과 결혼했다가 그가 전사하는 바람에 과부가 된 요석공주가 있었다. 남편이 죽은 뒤 공주는 친정으로 돌아와 요석궁에 머물고 있었다. 왕은 사람을 시켜 원효를 불러오게 했다.

삼국유사에 따르면 원효는 마치 왕이 사람을 보낼 줄을 알아차렸던지 지금의 월정교에서 일부러 강물에 빠져 옷이 물에 흠뻑 젖은 채 기다리고 있었다. 왕의 다급한 명령을 받은 시종이 그를 그대로 궁으로 데려갔고 옷을 말리느라 어쩔 수 없이 궁에 머물게 됐다. 그 소식에 태종무열왕은 뛸 듯이 기뻐하며 요석공주와 원효를 자연스럽게 만나도록 했다.

그렇게 '공주의 남자'가 된 원효는 사랑에 빠졌고 두 사람은 곧 혼인을 하여 아들을 낳으니 그가 바로 신라 10대 천재 중 한 사람인 설총이다. 하지만, 원효는 요석공주와의 짧은 만남 후 다시 승려로 돌아왔다. 그러던 어느 날 광대가 표주박을 가지고 노는 것을 보고 그가 그토록 찾던 무애의 삶을 발견한다. 무애(无涯) 사상이란 '일체에 거리낌이 없는 사람은 단번에 삶과 죽음을 벗어난다'는 깨달음이었다. 이후 '공주의 남자' 원효는 광대의 옷을 입고 표주박을 돌리며 노래를 부르고 다녔는데 그것이 무애가(无涯歌)이다.

공주의 남자, 역사상 최초의 전국투어로 불교 대중화

무애가의 가사는 단순했다. 세상만사 거리낌이 없이 자유로워야 마음에 평안이 깃든다는 것이다. 심오하고 현학적인 불교 사상을 단 몇 줄의 노랫말과 흥겨운 가락에 담은 불경의 대중가요 판이나 다름없었다. 그런데 원효의 무애가는 가는 곳마다 선풍적인 인기를 모았다.

그도 그럴 것이 그때까지 불교는 주로 왕실과 귀족들의 전유물이었다. 글을 모르는 백성에게 고승들이 전해주는 설법은 전혀 다른 나라 말이나 다름없었다. 그래서 백성들은 불경을 듣고도 이해하지 못하는 경우가 많았다. 그런데 원효의 무애가를 들으면 해탈이 무엇인지 수도를 왜 해야 하는지, 불법을 통달하면 어떤 경지에 이르는지 쉽게 이해할 수가 있었다.

원효는 한발 더 나아가 극락 세상을 관장하는 부처인 아미타 부처님과 그의 조수인 관세음보살만 열심히 외면 누구나 극락에 갈 수 있다고 말하고 전도했다. 원효의 이 가르침은 얼마 가지 않아 신라 땅의 사찰은 물론 민가에서조차 '나무아미타불 관세음보살'이 울려 퍼지게 만들었다. 신라판 '강남스타일' 현상이 일어난 것이다.

'나무아미타불 관세음보살'은 '아미타불과 관세음보살님께 나를 의탁한다'는 뜻이다. 불교 교리의 권위자인 원효가 어려운 불교 교리를 공부하지 않아도 이 문구만 외면 극락에 간다고 했으니, 농사를 짓는 농부나 바다에서 일을 하는 어부들도 쉽게 불교를 받아들이게 되었고, 그렇게 원효는 불교 대중화에 있어서 삼국통일을 한 김유신에 버금가는 공을 세운다.

또한 원효는 모두에겐 각자의 정해진 길이 있으니 그 길에 서서 (귀명-歸命) 서로 싸우지 말고 협력하자는, 유명한 화쟁사상으로 신라 불교의 격을 한층 높였다. 또한 자유로운 삶을 통해 〈대승기신로소〉, 〈금강반야경소〉, 〈화엄경〉 등 일일이 헤아리기도 어려운 방대한 양의 저서들을 쏟아냈다. 그리하여 당나라 유학

ⓒ권혁문, 남산마애대좌불

을 가지 않고도 독자적인 불교 철학 세계를 펼쳐나감으로써, 신라의 불교는 원효에 이르러서 독자적인 불교사의 새벽을 맞이하게 되었다. 이후 원효의 화엄사상과 철학은 한국 불교 사상사를 윤택하게 만든 마르지 않는 샘과 같은 역할을 하고 있다.

의상이 다시 돌아온 것은 문무왕 때, 그는 왕의 적극적인 지원 아래 부석사를 개창한 것을 시작으로 전국에 수십 개의 대사찰을 건립하여 신라 땅을 거대한 불국토로 변화시켜갔다. 원효와 의상의 삶은 극히 달랐다. 원효가 당대의 승려들에겐 아웃사이더였다면 의상은 신라 불교를 대표하는 얼굴이자 자존심이었다. 원효가 중류층 출신이었던 것에 비해 의상은 왕족 출신이었다. 그러나 그들은 처지와 방법과 방향이 달랐을 뿐 추구하는 본질은 동일했다.

원효가 걸어간 길은 그 이름처럼 새벽 같은 길이었다. 승려에서 공주의 남자로, 공주의 남자에서 거리의 장돌뱅이로. 그러나 그의 영혼은 그 시대 그 누구보다도 고귀하고 자유로우며 사랑으로 가득 차 있었다.

healing trak info

(성인 남성 75kg 기준/kcal)

코스	거리	난이도	시간	소모칼로리
분황사-황룡사지-황복사지-월정교	4.5 km	하	1시간40분	700

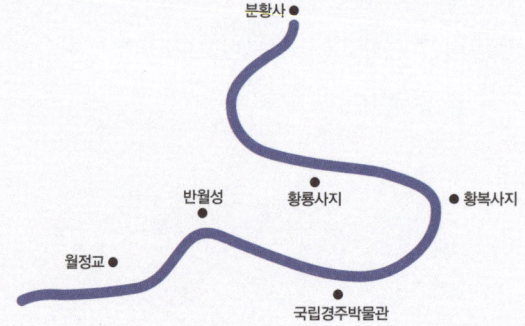

■ 분황사 모전석탑

국보 제30호. 현존하는 신라 탑 중 가장 오래된 걸작. 돌을 벽돌 모양으로 다듬어 쌓은 모전석탑이다. 원래 9층이었다는 기록이 있으나 지금은 3층만 남아 있다. 널찍한 기단에 3층의 탑신을 착실히 쌓아 올렸는데 기단은 벽돌이 아닌 자연석으로 네 모퉁이마다 화강암으로 조각된 사자상이 한 마리씩 배치되어 있다. 1층엔 네 면에 문을 만들고, 그 양쪽에 불법을 수호하는 힘찬 인왕상을 조각해 넣었고 3층엔 화강암을 깎아 만든 활짝 핀 연꽃 장식을 얹었다. 선덕여왕 3년(634) 분황사의 창건과 함께 제작된 것으로 보인다.

태종무열왕릉

■ 요석공주(瑤石公主)

태종무열왕에게는 3명의 딸이 있었는데, 그중 요석공주가 몇째인지는 확실하지 않다. 그녀는 원래 화랑 김흠운과 결혼했다. 그런데 김흠운은 655년 백제와의 전투에서 전사한다. 이후 과부가 된 요석은 요석궁에 살고 있던중 무열왕의 계획에 의해 원효를 만나 결혼하여 설총을 낳는다.

● 나음은 멈춤에서 시작된다
stop for healing

서동요 薯童謠

선화공주善花公主님은
남몰래 짝 맞추어 두고
서동薯童 방을
밤에 알을 안고 간다.

전해진 향가 중 가장 오래된 작품으로
신라 진평왕 때 선화공주를 사모한 백제 무왕이 지었다.

도래인 석탈해의 미션 임파서블

월성과 계림

반달을 닮았다 해서 반월성, 혹은 월성이라고 불렸던 신라의 궁전을 볼 때마다 우리는 깜찍한 꾀로 이 땅을 차지한 인물이 생각난다. 바로 석탈해다. 신라 역사를 살펴보면 신라 초기로 갈수록 외래인이 많이 등장하고 그들은 하나같이 탁월한 지혜를 가진 인물들이었다. 알 출신으로 기록된 박혁거세도 외국인이었을 것으로 추정되고 있는데 그럼에도 불구하고 그의 용모가 단정하고 행동이 조신해서 토박이인 6개 부족의 촌장들이 만장일치 가결로 그를 왕으로 추대했다. 일본 쪽에서 건너온 것으로 알려져 있는 호공도 박혁거세의 측근으로 정사를 도왔다.

그 후 또 한 사람의 외국인이 등장하는데 그가 바로 석탈해다.

〈삼국유사〉는 그에 대해 다소 화려한 드라마를 적고 있는 반면 〈삼국사기〉는 그의 성장과정을 상세히 다루고 있다.

> 탈해는 원래 다파나국에서 태어났는데 이 나라는 왜국의 동북쪽 천리 밖에 있다. 그 나라 왕은 여자들만 사는 나라의 여왕과 결혼했는데 7년 만에 큰 알을 낳았다. 왕은 버리라고 했으나 어머니는 차마 그럴 수 없어서 비단으로 아들을 싸고 보물과 함께 상자에 넣어 바다에 띄워 보냈다.
> 〈삼국사기 탈해 이사금 편〉

한마디로 '신라판 모세' 스토리의 주인공이다. 이후 석탈해의 일생에 관해서는 한 번쯤 들어본 적이 있을 것이다. 망망대해를 건너온 '신라판 모세' 석탈해는 '공주'가 아닌 시골 노파의 손에 구조되어 신라 땅에서 성장한다. 그의 영특함을 알게 된 부모는 '너는 보통 사람이 아니니 학문을 게을리하지 말라'고 가르쳐 학문에 전념하게 되었는데 그가 한 공부란 것이 신라 지리학이었다.

그러던 어느 날, 그는 서라벌 일대의 지리를 두루 살피던 중 양산 밑에 있는 호공의 집터가 살기 좋은 땅임을 알고 꾀를 내어 그곳을 차지했다. 이후 그는 사람들 사이에 어질고 지혜로운 사람이라는 인정을 받게 되었고 남해왕의 사위가 되더니 결국 왕이 되는 성공신화를 만들어냈다.

월성에서 만난 석탈해의 진실 – 이기적인 지식인 vs 외래인의 성공신화

속임수로 남이 버젓이 살고 있는 땅을 빼앗은 석탈해. 그를 보는 우리의 시선은 결코 곱지 않다. 〈삼국유사〉와 〈삼국사기〉의 기록을 보면서 우리는 그가 꽤나 머리가 잘 돌아가는 사람이었을 거라고 생각한다. 그 점에 대해서는 자타가 인정하는 스타일의 인물이었던 것 같다. 하지만 기록을 좀 더 보면 우리가 쉽게 생각하듯 그런 가벼운 인물은 아니었던 것 같다.

그가 지리학을 자기 전공으로 택한 것이 부모의 권유였는지 본인의 선택이었는지는 알 수 없다. 그런데 외래인인 그가 땅을 감별해서 남의 땅을 빼앗았다는 사실은 그냥 '맹랑한 인물'이라며 웃고 넘길 일은 아니다. 다른 건 몰라도 지리학에 관한 한 그는 경쟁력이 별로 없는 이방인 출신이다. 그럼에도 불구하고 호공의 집터가 천하의 길지임을 알고 그 땅을 빼앗는 실력자였던 것이다.

사람은 자기 처지에 따라 세상을 보기 마련이다. 그가 만일 외래인이 아니었다면, 그래서 신라의 땅을 토박이들처럼 보았다면 그는 지리학의 필요성을 느끼지 못했을지도 모른다. 그를 신라 최고의 지리학자로 만든 것은 어쩌면 그의 탁월함이 아니라 외래인이라는 그의 핸디캡이 아니었을까.

그는 누구보다 간절하게 신라 땅에 정착하고 싶은 마음이 있었을 것이다. 그래서 남들은 평범하게 보는 산과 들과 강들을, 그는 목마른 심정으로 바라보며 자신과 자신의 후손들이 대대로 뿌리를 내리고 살 만한 땅을 찾아 나섰을 것이다. 그렇게 시작한 것이 지리학이고 그 결과 발견한 땅이 바로 서라벌 양산 밑이었는데 하필이면 그곳엔 왕의 측근인 호공이 살고 있었던 것이다.

상황이 이 정도 되면 물러서기 마련인데 그는 순순히 물러서지 않고 호공을 상대로 소송을 시작했는데 어이없게도 권력가 호공이 한낱 어부 출신인 외래인 청년에게 땅을 빼앗긴 것이다.

이 상황은 솔직히 말도 안 되는 상황이다. 만일 호공이 그 땅을 지킬 생각이 있었다면 절대 빼앗기지 않았을 것이다. 그럼에도 불구하고 그 싸움에서 진 것은 그 땅의 가치를 몰랐기 때문일 가능성이 크다. 반대로 석탈해는 막강한 권력을 가진 세도가와 싸움을 불사할 만큼 그 땅에 집착했다. 호공을 상대로 한 싸움은 석탈해의 모든 것을 걸어야 하는 싸움이었을 것이다. 그럼

에도 불구하고 석탈해는 그 땅을 포기하지 않았다. 그 땅의 가치를 알았기 때문이다.

　석탈해가 어떤 사연이 있어 멀고 먼 다파나국에서 신라 땅까지 흘러왔는지는 알 수 없으나 만일 얄궂은 운명만을 탓하고 아무것도 하지 않았다면 그에게 공부할 기회 같은 것은 영영 오지 않았을지 모른다. 하지만 그는 자신이 처한 운명에 끌려 다니지 않았다. 낯선 땅에서도 그는 자기가 받은 은혜를 갚을 줄 알고 부지런히 땀 흘려 노력하는 인물이었다. 부지런히 고기를 잡아 부모를 봉양하는 그 태도에 양부모는 감동했을 것이다. 그의 '지혜로움'은 행동하는 지혜로움이었다. 땀 흘리며 노력하는 지혜로움이었다. 양부모는 그에게 '어떤 어려움도 헤쳐 나갈 수 있는 강인한 에너지'가 있음을 보았을 것이고 그를 학문의 길로 인도해 큰 인물이 되라고 격려를 해주었을 것이다.

　월성 터의 주인이 된 석탈해는 바로 이런 인물이었다. 남들은 장애라 여길 수 있는 불리한 삶의 조건조차도 치열한 의지와 탁월한 전문성으로 극복한 석탈해, 전문성으로 정치적 권력을 당당하게 이긴 석탈해. 그런 삶의 자세가 결국 그를 왕으로 만들었고 월성 터에 관한 탁월한 안목은 후에 이 땅에 왕궁이 들어섬으로써 입증되었다.

계림에서 만난 석탈해의 두 번째 얼굴

월성을 병풍처럼 두른 숲 계림은 김알지의 탄생설화와 관련된 곳이다. 그런데 김알지의 설화는 탈해왕 시절에 탈해왕에 의해 시작됐다. 즉, 김알지를 왕으로 만든 것은 탈해왕이었다.

이를 보기 전에 먼저 탈해가 왕이 되는 과정을 살펴볼 필요가 있다. 남해왕은 죽기 전 '사위 석탈해와 아들 노례 왕자 중에 나이가 많고 지혜로운 자를 왕으로 세우라'는 유언을 남긴다. 사람들은 당연히 나이도 많고 지혜로운 탈해를 왕으로 삼고자 했으나 탈해는 지혜로운 자를 선발하는 기준으로 어금니의 수가 많은 사람을 택하자고 주장한다. 그래서 떡을 깨문 결과 왕자가 어금니 수가 하나 더 많아 결국 남해왕의 아들이 왕위에 오른다. 그가 바로 신라 3대 유리왕이다.

여기에서의 석탈해는 호공의 집터를 빼앗았던 야심 찬 인물과 많이 달라 보인다. 만일 그가 우리가 쉽게 알고 있듯 욕심 사나운 사람이었다면 남해왕의 신임을 업고 왕위에 올랐을 것이다. 그리고 아마 당시 신라 조정에는 재주가 비상한 석탈해를 앞세워 박혁거세의 가문을 몰아내고 싶어 하던 사람들도 있었을 것이다. 그럼에도 불구하고 석탈해는 '어금니수'라는 이상한 원칙을 끌어들여 결국은 노례 왕자에게 왕위를 넘겨준다.

역사에 가정은 없다지만 만일 그가 왕위를 얻고자 했다면 호공의 집터에 숯돌과 숯 부스러기를 묻었던 솜씨로 아마 입안에 가짜 어금니를 심어서라도 왕이 되었을 인물이다. 그럼에도 불구하고 그는 자신이 제안한 내기에 져서 왕위를 넘겨주고야 말았다. 과연 이것은 우연일까.

똑같은 방식으로 만일 그가 왕위를 노례 왕자에게 넘겨주고자 했다면, 그는 왕자를 믿지 못하는 세력들의 입을 막고 여론을 통합해 나라를 안정시키기 위해서 치밀하게 준비를 했을 것이다. 어쩌면 그는 노례 왕자의 어금니수가 그보다 많다는 사실을 미리 알고 있었을지도 모른다. 그래서 모든 사람들이 보는 앞에서 공정한 경쟁을 통해서 노례 왕자에게 왕위를 양보한 것은 아닐까.

이후, 석탈해는 유리왕을 도와 국정에 참여한다. 오랜 세월이 흘러 석탈해가 환갑의 나이를 넘겼을 즈음, 유리왕이 죽음을 앞두게 되었다. 당시 유리왕에게는 두 명의 아들이 있었다. 그들은 젊고 왕위를 차지할 자격이 있었다. 하지만 유리왕은 '나라에 공로가 많고 더 능력이 있다'는 이유로 62세나 되는 석탈해에게 왕위를 넘긴다. 그렇게 '자격 있는 자'를 왕으로 세우는 신라의 전통에 따라 이방인 석탈해가 신라의 4대 임금으로 등극한다.

그렇게 왕위에 오른 석탈해는 신라 정치의 아름다운 전통을 이어간다. 그가 왕이 된 지 9년째 되던 해, 신라 역사상 세 번째 알이 출현한다.

> 왕이 밤에 금성 서쪽 시림의 나무 사이에서 닭 우는 소리가 나는 것을 듣고 날이 샐 무렵에 포공을 보내 이 사정을 알아보도록 하였다. 그곳에는 나무 가지에 금빛이 나는 작은 상자가 걸려 있고, 흰 닭이 그 밑에서 울고 있었다. 포공이 돌아와 이를 보고 하였다. 왕은 사람을 보내 그 상자를 가져와 열게 하였는데 그 속에는 어린 사내아이가 들어 있었고, 그 아이는 자태와 용모가 뛰어났다. 왕이 하늘이 아들로 준 것이라고 기뻐하며 아들로 키웠다. 아이는 자라면서 총명하고 지략이 뛰어났다. 그의 이름을 알이란 뜻의 알지라 하고 금빛이 나는 상자에 담겨 있었기 때문에 성을 김 씨라 했다. 시림의 이름을 고쳐 계림이라 부르고 이를 국호로 삼았다. 〈삼국사기〉

남해왕이 외래인인 석탈해의 능력을 인정해 사위로 삼고 왕위를 물려주려고 했던 것처럼 석탈해도 알지의 비범함 하나만을 보고 신라에 아무런 연고도 없는 그를 왕재로 키웠다. 당시 석탈해에게도 아들이 있었고, 유리왕의 아들들도 있었다. 하지만 그는 후에 김알지를 태자로 삼았다. 여기에 대해서는 〈삼국

유사〉를 보자.

> 왕은 좋은 날을 잡아 알지를 태자로 세웠다. 그러나 알지는 뒷날 왕위를 파사에게 양보하고 왕이 되진 않았다.

석탈해와 유리왕 사이에 있었던 아름다운 전통이 김알지에게로 이어졌던 것이다. 〈삼국사기〉에 보면 이때 왕위 계승권은 유리왕의 아들들에게 돌아간 듯하다. 그런데 그 아들들 중에서도 둘째 아들인 파사가 가장 능력이 뛰어나다 하여 그가 왕위에 올랐다.

> 파사이사금이 왕위에 오르니 그는 유리왕의 둘째 아들이다……. 애초에 탈해가 죽었을 때 처음에는 태자 일성을 왕으로 추대하려 했으나 일성의 사람됨과 총명함이 동생 파사만 못하다 하여 결국 파사가 왕위에 오르도록 했다. 파사는 절도 있고 검소하며 물자를 아끼는 생활을 하였고 또한 백성을 사랑하였으므로 백성들이 그를 칭찬하였다.

이처럼 신라 초기의 정치는 참으로 아름다웠다. 미추왕 대에 이르러 김 씨 왕조가 시작되기까지 유리왕의 후손과 석탈해의 후손들은 번갈아가며 의좋게 나라를 다스렸다. 유리왕의 가문에 아들이 끊어지자 석탈해의 후손들과 김알지의 후손들이 번갈아가며 왕위를 이었다.

그 전통을 만든 사람이 석탈해다. 그는 자신이 남해왕에게 인정받은 것처럼 김알지를 발탁했고, 자신에게 돌아온 왕위를 남해왕의 아들에게 양보한 뒤 합심하여 나라를 다스림으로써 김알지와 유리왕, 그리고 석탈해의 후손들도 서로 왕위를 양보해가며 평화롭게 나라를 다스리는 전통을 만들었다.

계림은 단순히 김알지 신화만이 있는 곳이 아니다. 경쟁과 분열의 정치가 아닌 양보와 연합의 통치 문화를 가진 신라의 미래를 위해, 석탈해가 위대한 꿈을 심은 곳이기도 하다. 김알지가 태어난 곳을 계림이라 하고 계림을 국호로 바꾸었던 석탈해, 지략이 뛰어났던 김알지를 왕재로 키워 왕위 계승권을 부여했던 석탈해, 그가 이곳 계림에서 한 선택은 먼 훗날, 김알지의 후손들이 삼국을 통일하여 신라를 한반도 최초의 통일국가로 만드는 초석이 되었다.

ⓒ권영만, 계림의 새벽

healing trak info   (성인 남성 75kg 기준/kcal)

코스	거리	난이도	시간	소모칼로리
월성-계림-숭신전-탈해왕릉	5.2 km	하	2시간10분	800

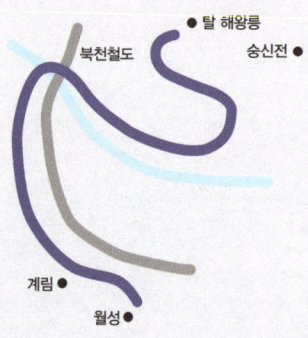

■ 월성 (月城)

사적 제16호. 월성은 신라 궁궐이 있었던 도성. 반달처럼 생겼다 하여 반월성이라고도 한다. 〈삼국사기〉에 의하면 파사왕 22년(101)에 성을 쌓고 금성에서 이곳으로 도성을 옮겼다고 전한다. 신라 역대 왕들의 궁성이었으며, 문무왕 때에는 안압지와 임해전, 첨성대 일대가 편입되어 성의 규모가 확장되었다. 성의 동·서·북쪽은 흙과 돌로 쌓았으며, 남쪽은 절벽인 자연지형을 그대로 이용하였다. 성벽 밑으로는 물이 흐르도록 인공적으로 마련한 방어시설인 해자가 있었으며, 동쪽으로는 경주 동궁과 월지로 통했던 문 터가 남아있다. 성 안에 많은 건물터가 남아있으며, 1741년에 월성 서쪽에서 이곳으로 옮겨온 석빙고가 있다.

■ 계림

사적 제19호. 경주 김 씨의 시조인 김알지가 태어났다는 전설의 숲. 원래 시림(始林)이라고 하던 것을 알지가 태어난 뒤로 계림(鷄林)이라 했다. 탈해왕 4년(60년)에 시림에서 닭 우는 소리와 함께 빛이 가득한 것을 보고 다가가자 금으로 된 궤짝이 있고 흰 닭이 울고 있어 즉시 궤짝을 열어보니 총명하게 생긴 사내아이가 있었고, 왕은 하늘에서 보낸 아이라 하여 태자로 삼았다. 아기라는 뜻의 '알지'라는 이름을 주고 금궤에서 나왔으므로 성을 김 씨라 했다. 왕은 알지를 태자로 삼았으나 후에 알지는 파사에게 왕위를 양보했다. 그 후 알지의 7대 후손이 왕위에 올랐는데, 그가 미추왕이다. 이후 내물왕부터 신라가 망힐 때까지 김일시의 후손이 나라를 다스리게 되었으며, 계림은 신성한 곳으로 지금까지 전해오고 있다.

신라의 솔로몬,
경덕왕 유감

경덕왕릉

고속철도 신경주 역이 있는 내남면에는 우리에게 무척이나 친숙한 경덕왕의 무덤이 있다. 신라를 대표하는 왕들의 무덤이 대부분 도심과 남산 일대에 집중된 반면 경덕왕의 무덤이 이렇게 외곽에 떨어져 있는 것이 이채롭다. 그것도 하필이면 희강왕, 민애왕과 같은 산 능선을 나란히 기대고 있는 모습이란!

경덕왕은 삼국통일의 위업을 이룬 태종무열왕의 직계후손으로, 그 역시 신라를 대표하는 성군 중의 한 사람으로 손꼽힌다. 그럼에도 불구하고 한 번의 결정적인 실수로 인해 신라 왕실을 약화시키고 결국은 혈통이 끊겨 귀족들의 왕위 쟁탈전을 자초했다는 비난을 받고 있다. 희강왕과 민애왕은 그 피비린내 나는

왕위쟁탈전의 주인공들이다. 후대의 사람들이 그들의 묘를 경덕왕과 같은 산 능선에 조성한 것은 무슨 의미일까. 욕심을 이기지 못한 군주의 실수로 인해 나라가 얼마나 도탄에 빠졌는지를 죽어서도 잊지 말고 반성하라는 뜻이었을까.

경덕왕의 아버지 성덕왕은 신라 천년의 역사 가운데 최고의 태평성대를 이룩한 성군 중의 성군이었다. 신문왕의 둘째 아들이었던 그는 형인 효소왕이 아들이 없이 죽자 동생으로서 왕위를 이어받았다. 조정과 백성의 추대를 받아 왕이 된 그는 끊임없는 천재지변과 가뭄과 홍수 등에 시달리면서도 백성들의 생활을 안정시키고 특히 정전(丁田) 제도를 실시해 농업 생산력이 크게 증대시켜 백성들의 살림살이를 안정시키는 데 성공했다.

이를 위해 성덕왕은 당과의 관계 개선에 힘썼다. 재위 36년간 마흔여섯 번이나 사절단을 파견했고 유학생들을 보내 당의 국학에서 선진 문물을 배우도록 했다. 그러던 중 732년 발해가 당나라를 공격하자 성덕왕은 김유신의 손자이자 왕의 총신이었던 김윤중(金允中)과 적잖은 병사를 파견했다. 비록 큰 눈이 내려 길은 막히고 얼어 죽은 병사가 절반이나 되어 도중에서 회군하고 말았지만, 이 사건을 계기로 성덕왕은 당 현종으로부터 옛 고구려의 영토인 패강 남쪽 땅에 대한 지배권을 인정받는 파격적인 조치를 이끌어냈다.

하지만 신라 내부에서는 성덕왕의 탁월한 정치능력으로 인해 왕권이 강화되는 것을 우려하고 있었다. 급기야 성덕왕이 세상을 떠나고 아들 효성왕이 왕위에 올랐으나 귀족들과의 치열한 암투 끝에 의문의 죽음을 맞는다. 효성왕은 자신의 죽음을 예견이라도 한 듯 화장해달라는 유언을 남겼다. 그 유언에 따라 형을 화장해 동해 바다에 뿌리고 비장한 심정으로 왕위에 오른 이가 바로 경덕왕이다.

고승과 신하의 간언을 중히 여긴 성군 경덕왕

왕위에 오른 그는 누구보다도 아버지 성덕왕이 이룩한 정치적 안정과 태평성대를 지속하는 데 전념했다. 그의 치세 중에도 천재지변은 끊이질 않았다. 거의 10년간이나 계절마다 가뭄과 홍수가 반복되고 전염병으로 백성들이 몰살하는 일들이 빈번하게 일어나자 이를 빌미로 귀족들은 왕권 흠집 내기에 나섰다. 하지만 그는 꿋꿋이 유학을 장려하고 유교에 입각한 전제군주 정치를 강화해나가는 한편 당과의 관계 개선을 통해 내부의 불만을 잠재워나갔다.

특히 아버지 성덕왕의 전략을 이어받아 당나라와의 외교에

치중했는데 해가 바뀔 때마다 조공을 보내는 건 당연하고 당 현종의 지방순시 때는 행궁까지 조공 사절을 보내 현종이 감사의 시를 써서 보낼 정도였다.

하지만 그가 성군이라는 칭송을 받으며 그의 치세를 이어나갈 수 있었던 가장 큰 힘은 널리 지혜를 구하는 겸손하고 열린 마음 때문이었다. 그는 늘 학식이 높은 학자나 고승들을 청해 시대를 앞서가는 지혜를 구했다. 삼국유사는 경덕왕에 대해 이렇게 기록하고 있다.

> 3월 삼짇날, 왕은 귀정문에 나와 신하들을 둘러보며 고승 한 분을 모셔오라 했다. 마침 차림새가 깨끗한 대덕이 지나가고 있어 그를 데려오니 왕은 자신이 찾는 고승이 아니라면서 물러가게 했다. 뒤에 남루한 옷차림에 차통을 메고 지나가는 승려가 있었는데 왕이 그를 데려오게 했다. 그는 마침 삼화령 미륵 세존에게 차를 올리고 돌아오던 충담사였다. 왕은 그가 찬기파랑가를 지은 사람인 줄 알고 '백성을 편안하게 다스릴 수 있도록' 노래 한 수를 지어주기를 구했다. 그러자 충담사가 그 자리에서 향가 한 수를 지어 올렸는데 그것이 바로 그 유명한 안민가다.

> 왕은 아비요 신하는 사랑하실 어미이시라

백성을 어리석은 아이로 여기시면

백성이 사랑 받음을 알리이다.

구물거리며 사는 백성들 이를 먹여 다스리니

이 땅을 버리고 어디 가랴 할지면

나라 안이 유지될 줄 알리이다

아아 임금은 임금답게, 신하는 신하답게,

백성은 백성답게 할지면

나라는 태평 하리이다.

한 수의 시에 진정한 충언을 담은 충담에게 왕은 감격하고 그에게 왕사의 벼슬을 내렸으나 충담은 겸손히 사양하고 자기 길을 떠난다.

경덕왕의 면모를 볼 수 있는 일화가 또 하나 있다. 그에게 이순이라는 총애하는 신하가 있었는데 그가 뒤늦게 출가하여 승려가 되었다. 그런데 경덕왕이 왕권이 안정되고 태평성대가 계속되자 말년에 사색에 빠져 궁궐에서 연일 풍악을 즐기고 정사를 게을리하게 됐다. 이 소식을 들은 이순이 궁으로 달려와 당나라가 혼란하니 신라에 우환이 미칠 수 있음을 지적하고 앞서가는 수레가 넘어지면 뒤의 수레는 마땅히 이를 경계해야 하니, 허물을 고치고 자신을 새롭게 해서 국가의 앞날을 영구히 하라고 충고한다. 왕은 이 충고를 따라 풍악을 끊고 정사에 전념했다고 한다.

경덕왕 일생일대의 실수 '공주보다 왕자가 좋아'

경덕왕을 조선시대 왕과 비교하자면 영조와 같은 인물이라 할 수 있다. 영조에게도 타고난 정치가이자 성군이었던 숙종이란 아버지가 있었다. 비록 형인 경종의 죽음 때문에 숱한 오해와 잡음 속에 왕위에 올랐지만 그는 숙종의 정치를 끊임없이 연구하고 발전시켜 태평성대를 구가한다.

경덕왕도 그럴 수 있었다. 그런데 영조에 비해 딱 한 가지가 부족했는데 그게 바로 후사 결정에 실패했다는 것이다. 이에 대해 일연은 〈삼국유사〉에 이렇게 기록했다.

> 왕이 하루는 표훈 대덕을 불러 말했다. '내가 복이 없어 아들을 두지 못하고 있으니, 대덕께서는 나를 위해 기도해주시오' 그러자 표훈대덕은 기도를 하고 돌아와 이렇게 말했다. '딸이면 안 되겠습니까' 그러자 왕은 다시 간청했다. '딸을 바꾸어 아들이 되게 해 주시오' 그러자 기도를 하고 다시 돌아온 표훈이 말했다. '딸

을 바꾸어 아들이 되게 할 수는 있으나 대신 나라가 위태로워질 것입니다.' 그러자 왕은 말했다. '나라가 위태로워져도 아들을 원합니다' 이 일이 있은 후 얼마 후 왕후가 아들을 낳았다.

아들이 태어나자 경덕왕은 뛸 듯이 기뻤다. 이제 후사가 생겼으니 그는 걱정이 없었고 아들이 여덟 살이 되던 해, 세상을 떠난다. 그 아들이 왕위에 오르니 그가 바로 혜공왕이다. 그런데 표훈의 예언대로 혜공왕은 문란한 생활로 정사를 게을리하여 반란이 끊이질 않다가 결국 어머니와 함께 살해당하고 만다. 일연은 〈삼국유사〉를 통해 그것이 경덕왕의 잘못이라고 엄중히 꾸짖는 듯하다.

이 이야기의 진위는 확인할 길 없다. 그러나 일연이 〈삼국유사〉를 쓴 것은 고려 말이다. 이 이야기가 400년 가까이 전해져 온 것은 성군 경덕왕의 아쉬운 후사 결정에 대한 당시의 민심을 반영하고 있다.

통치자의 능력이 국가 경영에 절대적인 영향력을 미쳤던 고대, 경덕왕은 자기 어린 아들이 아닌 자격 있는 사람을 왕으로 세워야 했다. 그 역시 왕의 동생이면서 왕위에 올랐듯이 성군이 될 수 있는 인물을 후계자로 세우는 선택을 했어야 했다. 그러나 평생 성군의 길을 걸어온 그도 후사를 정하는 문제에 있어서만

큼은 혈연주의와 남아선호 사상의 벽을 넘지 못했던 듯하다.

그래서 결국 무열왕과 문무왕, 신문왕과 성덕왕이 이룩해온 탄탄했던 왕권은 혜공왕 대에 이르러 암운이 드리우기 시작한다. 혜공왕 17년 마침내 성덕대왕신종이 완성되고 온 나라에 태평성대가 계속되기를 간절히 바랬지만, 그로부터 5년 뒤 혜공왕은 어머니 만월부인과 함께 귀족들의 손에 피살된다. 이후 주인을 잃은 신라 왕실은 귀족들의 왕위 쟁탈전으로 얼룩진다.

인적이 드문 곳에 위치한 경덕왕릉엔 찾는 사람도 많지 않다. 그가 남긴 치적을 생각하면 여간 아쉬운 일이 아니다. 그는 신라의 문화진흥과 과학 수학, 건축을 부흥시킨 대표적인 문화군주다. 또한 당나라의 선진 문물을 발 빠르게 받아들여 나라의 행정체계를 정비하고 유학을 중심으로 안정된 관료 사회를 이끌어낸 탁월한 정치가였다. 가히 신라의 솔로몬이라 불릴 만큼 지혜로운 군주였다.

하지만, 솔로몬이 말년에 한탄했듯 헛되고 헛된 세상 권력을 어린 자식에게 무리하게 대물림하려다가 되려 왕실의 대를 끊는 결과를 자초하고 말았다. 그러니 땅 속에서나마 그 속이 편안할까. 경덕왕릉에 서면 우리를 무너뜨리는 것은 외부의 적이 아니라 내 안에 있는 욕심임을 다시 한번 느끼게 된다.

페르시아의 장수, 신라 왕릉의 수호신이 되다

괘릉

경주엔 수십 개의 왕릉과 왕릉으로 추정되는 신라식 대형 봉분들이 있다. 지도를 펼쳐보면 마치 신라왕들의 안식처에 사람들이 뒤늦게 들어와 둥지를 튼 듯한 형상이다. 거침없는 들녘 한가운데, 아니면 양지바른 산자락마다 거대한 봉분들이 세월의 이끼를 그대로 간직한 거대한 돌들과 정교하게 새겨 넣은 12 지신의 호위를 받으며 누워있다.

현재 경주에는 왕의 무덤으로 추정되는 무덤이 50여 개나 된다. 그중에 사람들이 가장 많이 찾는 곳은 대릉원과 오릉, 황남대총 등의 도심에 있는 대형 봉분들이다. 경주 외곽의 왕릉 가운데 사람들이 가장 많이 찾아가는 곳은 남산 서쪽 능선의 삼릉.

박 씨 성을 지닌 세 임금의 무덤으로 알려져 있는데 왕릉 앞의 멋들어진 소나무숲 때문에 사람들의 발길이 끊이질 않는다.

그런데 신라 왕릉 중에 가장 격식을 갖춰 조성한 릉으로 꼽히는 것이 경주시 외동읍에 있는 괘릉이다. 괘릉은 신라 38대 원성왕의 무덤으로 원래 이곳이 연못이었는데 못을 메우지 않고 수면 위에 왕의 시신을 걸어(掛) 묘를 조성했다는 전설과 함께 괘릉이라 불리고 있다.

신라 왕릉의 무덤은 초기에는 대형 봉분에 자연석 몇 개를 놓은 단순한 형식이었다가 통일신라로 넘어가면서부터는 정교하게 깎은 돌로 무덤 주변에 호석을 세우고 무덤 앞으론 문인석과 무인석들이 등장하는 유교식 봉분 형식이 정착된다. 삶의 예만큼이나 죽음의 예를 중시 여겼던 이 시대, 왕의 무덤은 나라의 국격과 자존심의 상징. 그래서 봉분 형식을 국법으로 정하고 그 법에 따라 필요한 석물을 세우고 엄격하게 관리했다.

그런데 이 신라 왕릉 중 최고의 격식을 갖춰 조성한 괘릉 앞에는 묘한 석물이 서 있다. 다른 석물보다 크기도 클 뿐 아니라 동양인과는 뚜렷이 구별되는 용모를 가진 장수의 석물인데, 재미있게도 그는 신라인이 아닌 서역인의 형상이다.

신라와 페르시아, 문명과 국경을 넘은 우정

지엄한 왕의 무덤에 어떻게 이방인의 형상을 한 석물이 등장하게 된 것일까. 더욱 흥미로운 것은 이 석물은, 당나라 사람도 인도 사람도 아닌, 페르시아 사람을 닮았다는 사실이다. 물론 당과의 교류가 빈번했던 삼국시대, 페르시아 사람들이 한반도에 왔을 수는 있다. 만일 장사를 하거나 구경을 하러 왔다면 왕의 무덤 앞에 석물로 등장하지는 않았을 것이다. 왕의 무덤 앞에 서역인을 기념하는 석물을 세웠다면 그것은 곧 그 서역인이 묻힌 왕의 치세에 큰 공을 세웠음을 말하는 것이다.

그렇다면 최소 신라 조정과 왕실에 도움이 될 만한 페르시아의 거물이 원성왕 시대에 이곳에 살았다는 것이고, 좀 더 확대 해석한다면 신라와 페르시아에 국가 외교급의 교류가 있었다고 볼 수 있다. 실제로 황남대총에서 페르시아에서 사용되거나 수입된 것이 확실한 유리 제품과 황금 보검 등이 출토되어 고고학계를 깜짝 놀라게 한 적이 있다. 더구나 황금보검은 전형적인 페르시아 문명권의 문양과 보석의 구조를 갖고 있을 뿐 아니라 이런 화려한 보검은 지금까지 남아있는 페르시아의 유물 중에서도 찾아보기 어렵다. 즉, 당시 페르시아 왕조의 최고위권 인사가 신라에 왔거나 아니면 이 황금보검을 선물로 보냈을 가능성을

말해주는 것이다. 대체 천년 전 신라와 페르시아 사이엔 무슨 일이 있었던 것일까.

더 놀라운 사실은 페르시아 후손들이 사는 이란에도 신라와 관련된 흥미로운 기록들이 있다는 것이다. 이란에는 아주 옛날부터 전해져 오는 '쿠시나메'라고 하는 제목의 서사시가 있는데 내용을 요약하면 사산조 페르시아 왕국의 왕자가 유민들과 바다를 떠돌다가 신라에 도착한 뒤 신라의 공주와 결혼을 해서 아이들을 낳고 다시 힘을 키워 이란의 영웅이 된다는 내용이다. 그런데 긴 서사시 형태로 되어 있는 쿠쉬나메는 그 시구가 1만 구가 넘는데 그 중 신라에 관한 내용이 거의 1/5이나 된다. 아무 교류도 없는 상태에서 허구로 지어낸 얘기라고 믿기엔 너무도 많은 양이다.

게다가 이 설화가 사실임을 입증이라도 하듯이 남녀쌍분인 황남대총에서 페르시아와 로마계의 유물이 집중적으로 출토됐을 뿐 아니라 여자의 것으로 보이는 봉분에서 더 많은 유물이 출토됐다. 즉 남자보다 여자의 신분이 더 높았음을 말해주는 것이다. 그렇다면 원성왕 무덤에 있는 이 서역인도 '쿠쉬나메'에 등장하는 페르시아 사람은 아닐까, 하는 상상을 하게 만든다.

고대의 아랍인들, 신라에 한번 오면 돌아가지 않았다

 인류 최초의 문명 발상지인 중동은 히타이트, 아시리아, 헤브라이, 바빌로니아, 페니키아 같은 수많은 고대국가를 탄생시켰고 기원전 6세기에 이르러 페르시아는 세계 최초의 통일 제국을 건설한다. 이후 중동의 문화는 전 세계로 뻗어나가 신라에까지 이른다. 8세기경 무렵. 중동의 상인들은 실크로드를 따라 약 6개월이면 중국을 거쳐 신라에 올 수 있었다. 신라 고분에서 출토된 페르시아 풍의 유물들, 즉 페르시아 풍 장신구들과 아라비아산 보석들, 그리고 유리 공예품들이 중국을 거쳐 신라에까지 상당량 유입되었을 것으로 보고 있다. 그렇게 교역을 하는 동안 아랍인들에게는 신라에 관한 기록들이 하나 둘 생겨나기 시작했다.

 신라에 관한 아랍권의 기록은 9세기부터 시작된다. 15세기까지 모두 20여 권의 여행기나 역사자료에서 신라에 관한 기록이 등장하는데, 이들은 한결같이 신라를 아름다운 나라라고 극찬을 하면서 일부 아랍인들은 신라에 정착했다고 전하고 있다.

 한 기록에는 '동쪽에 산이 많은 나라(신라)가 있는데 그곳은 공기가 맑고 물이 좋아 한번 간 아랍인은 다시는 돌아오지 않았다'고 한다. 당시 신라, 특히 통일신라시대의 서라벌은 금박을 입힌 기와집들 때문에 아침이면 금박이 햇살에 반사되어 눈을

뜰 수 없을 정도였다고 전한다. 또한 금이 많아서 개 목걸이와 원숭이의 목 띠도 모두 금으로 만든 것이며 무엇보다 이곳에 오면 아픈 사람이 모두 나았다고 기록하고 있다.

이런 글들과 입소문이 퍼지면서 실크로드를 타고 신라를 찾아오는 아랍인들이 늘어나게 되었을 것이고 아마도 그중에 한 사람은 그의 신분이 무엇이었건 간에 원성왕 대에 큰 공을 세우고 후에는 왕의 무덤 앞에 신라의 공신들과 어깨를 나란히 하게 된 것이다.

그런 눈으로 괘릉 앞 이방인의 석물상을 바라보고 있노라면, 한결 친근하게 다가온다. 아마도 그는 신라에 왔을 당시 〈아라비안나이트〉에 나오는 알리바바와 같은 모습이었을 것이다. 이들이 신라에 도착했을 때 사람들은 얼마나 놀랐을까. 단순히 이상한 복장과 문화를 가진 이들을 보는 놀라움을 넘어 그들이 살고 있는 곳에 관한 이야기들이 신라 사회를 충격에 빠뜨렸을 것이다.

당시 중동인들의 정치적 영향력은 유럽 대륙까지 뻗쳐 있었다. 그뿐 아니라 천문학, 기하학 등 학문을 비롯해서 문화 예술, 그리고 경제 분야까지 그들의 손안에 있었다. 이런 중동인들의 등장은, 중국이라는 거대한 대륙에 가로막혀 그 너머에 어떤 세상이 있는지 전혀 알지 못했던 신라의 세계관을 단번에 뒤바꿔놓지 않았을까. 중국보다 더 오랜 역사를 가진 민족들과, 사막을 오가며 엄청난 재화를 모으는 대상들, 히잡을 쓴 채 바람처럼 거리를 다니며 신비롭게 웃음 짓는 여인들의 이야기, 그리고 예수가 탄생한 베들레헴의 이야기와 이슬람교의 확장, 터키의 영화와 시리아의 천문학자들에 관한 이야기들이 폭포수처럼 신라 사회에 쏟아져 들어왔다.

무엇보다 그 발달된 문화권에 살던 사람들이 '신라는 아름다운 나라'라고 격찬하면서 자기 조국으로 돌아가지 않고 정착하는 것으로 보면서 한없는 자부심을 느꼈을 것이다. 신라는 세계적인 나라가 될 수 있다는 확신과 함께 서역과의 교류의 소중함을 더욱 느끼게 되지 않았을까.

그런 생각을 하면서 괘릉 앞에 선 서역인상을 보면 이들에 관한 기록이 없다는 사실이 여간 아쉽지 않다. 그때 이들에겐 무슨 일이 있었던 것일까. 무슨 사연을 안고 그 먼 길을 온 것일까. 아마도 중국을 다녀온 사람들에게 소문을 들었을지 모른다. 그래서 그 멀고 먼 실크로드를 따라 위험천만한 중국 대륙을 거쳐 배를 타고 이곳 '산이 많은 동쪽 나라' 신라를 향해 왔을 것이다. 인간의 가장 고귀한 본성 중의 하나인 모험심으로 천여 년 전 한반도 사람들과 중동 사람들을 친구로 만들어준 이들. 괘릉의 서역인상은 우리가 잃어버린 그들의 아름다웠던 이야기를 찾아가는, 소중한 문이다.

healing trak info (성인 남성 75kg 기준/kcal)

코스	거리	난이도	시간	소모칼로리
괘릉–성덕왕릉–신무왕릉–경주박물관	12 km	하	3시간00분	1400

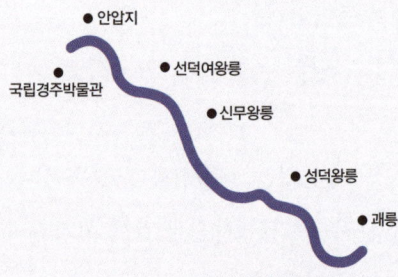

- **원성왕(생몰 미상/재위 785~798)**

신라 제38대 왕. 김양상과 함께 혜공왕을 살해하고 김양상이 선덕왕(37대)으로 즉위하는 것을 도왔다. 선덕왕이 자식이 없어 죽자 태종무열왕의 6세손인 김주원과의 왕위 다툼에서 이겨 왕으로 즉위했다. 독서삼품과를 설치해 유교학자들을 관리로 등용함으로써 무신 중심의 조정을 개혁하였고 발해와 서역과의 외교를 넓혀, 당나라 중심의 대외적인 지위를 넓힌 공로가 크다. 반면 친족들 중심으로 정치권력을 나누는 폐단을 만들기도 했다.

■ 괘릉(掛陵)

사적 제26호. 경주시 외동읍 괘릉리에 위치. 원성왕릉으로 추정된다. 무덤의 형태와 구조는 통일신라 시대의 전형적인 능묘 제도를 보인다. 십이지신상과 문인석, 무인석 한 쌍씩, 화표석 한 쌍이 얼굴을 마주 대하고 차례로 늘어서 있는데 조각은 통일신라시대 왕릉 중 가장 우수하다. 괘릉은 이색적인 용모와 외래적인 복장을 한 무인석을 두고 논란이 무성하다. 신장 약 2m50cm쯤 되는 장대한 체구, 매부리코에 부리부리한 눈에 콧수염까지 있는 데다 머리엔 아랍식의 둥근 터번을 쓰고 있어 서역인의 특색을 고스란히 갖추고 있다. 이 서역인이 왕의 치세와 직접적으로 관련이 있는 것인지 아니면 단순히 일종의 보호석으로 세운 것인지는 확실치 않다.

● 나음은 멈춤에서 시작된다
stop for healing

©김재현, 첨성대의 위엄

혜성가 彗星歌

옛날 동東 쪽 물가
건달파乾達婆의 논 성城을랑 바라고,
왜군倭軍도 왔다
횃불 올린이여 수풀이여.
세 화랑花郞의 산山 보신다는 말씀 듣고,
달도 갈라 잦아들려 하는데,
길 쓸 별 바라고,
혜성彗星이여 하고 사뢴 사람이 있다.
아아, 달이 떠가 버렸더라.
이에 어울릴 무슨 혜성彗星이 함께 하였습니까.

신라 진평왕 때 융천사가 지었다.
혜성의 출현과 왜구를 막은 사실을 시로 표현

처용과 함께 거니는 달빛 서라벌

경주 심야 기행

경주의 달은 유난히 곱다. 특히 어둠이 내린 뒤 안압지에 앉아 무심코 하늘로 눈길을 돌렸다가 달빛에 시선이 꽂히면 한동안 눈을 뗄 수가 없다. 새초롬한 새댁의 눈꼬리 같은 초승달은 더없이 상큼하고 노르스름한 황금빛이 도는 만월은 충만하면서도 상서롭다. 그리고 창백한 그믐달은 예상 못한 이별처럼 쓸쓸하기 짝이 없다.

그 달빛 아래서 왕도를 걷는 기분은 말로 표현할 수 없을 만큼 특별하다. 낮에 하는 여행은 애써 우리가 천년 시간을 느끼기 위해 노력해야 하는 반면, 밤이면 주변의 현대식 건물은 보이지 않고 오가는 차량도 줄어 적막함이 감돌기 시작한다. 이때쯤이면, 은은한 야간 조명 아래 대릉원과 첨성대, 안압지와 계림이 전혀 새로운 모습으로 다가온다. 그야말로 순식간에 천 년 전 신라에 뚝 떨어진 듯하다.

달빛 기행-안압지에서 대릉원까지

특히 안압지는 달빛을 받아 몽환적인 분위기를 자아낸다. 안압지에 관한 최초의 기록은 삼국사기에 등장한다. 신라가 삼국을 통일한 직후인 674년(문무왕 14)에 궁 안에 연못을 파고 산을 만들어 화초를 심고 진기한 새와 짐승을 길렀다는 기록이 그것이다. 그런데 아쉽게도 삼국사기에는 연못의 이름이 나오지 않는다. 안압지의 이름이 처음 등장한 시기는 이로부터 몇 백 년이나 지난 뒤 조선시대에 간행된 〈동국여지승람〉과 〈동경잡기〉에서 처음 등장한다. 아마도 폐허가 되어버린 신라의 왕도 동경(서라벌의 조선시대 지칭)에 궁궐의 자취는 간 곳 없고 연못 위에 안압, 즉 기러기와 오리들만 노닐고 있었다는 기록이 있는 걸 보면 안압지라는 이름은 이즈음에 붙여졌을 가능성이 높다.

안압지에 있는 정전인 임해전은 679년(문무왕 19)에 서편에 동궁을 지었다는 기록으로 미루어 보아 그 동궁에 속한 건물이었

을 것으로 보인다. 그렇게 보면 안압지 역시 월성의 동궁에 속해 있던 연못이었을 것이다. 마치 경복궁의 경회루처럼 나라에 경사가 있을 때나 귀한 손님을 맞이할 때 연회를 베풀었던 곳이기도 하다.

그런데 1974년 이후 계속되고 있는 발굴조사를 통해 안압지가 단순한 연못이 아니라 당시로선 첨단 방식으로 축조된 건축물이라는 사실이 밝혀져 세간을 놀라게 했다. 안압지 연못은 것으로 보기엔 장방형의 각진 모습이지만 바닥에 가까운 연못 안쪽을 보면 모서리가 없이 구비 구비 곡선으로 이루어져 있다. 이것은 물이 고이지 않고 계속 스스로 정화를 할 수 있도록 하는 배수장치로 연못물이 썩지 않고 언제나 신선한 상태를 유지하게 하는 작용을 한다.

또한 바닥 준설공사 과정에서는 엄청난 유물이 발견됐다. 신라 특유의 아름다운 문양과 제작연도가 선명하게 새겨진 기와편을 비롯해 금동여래 삼존상과 금동보살상, 그리고 연못에 띄웠던 것으로 보이는 배의 목재 등이 출토됐다. 유물은 신라 말엽, 혼란했던 시기에 궁을 침입한 적군들이 던졌거나, 아니면 그들의 유물 약탈을 막기 위해 던져 넣었을 것으로 분석됐다. 이렇듯 안압지는 천년 왕국 신라의 가장 찬란했던 순간들은 물론, 쓸쓸하게 사라져간 마지막 모습까지 고스란히 간직하고 있는, 중

요한 역사의 현장이다.

안압지를 나서면 연꽃 단지로 이어진다. 만일 여름에 경주를 찾는다면 연꽃이 소담스럽게 핀 길을 걷는 특별한 경험을 하게 될 것이다. 어둠이 내린 뒤에 은은한 가로등 불빛을 따라 걷는 기분도 그만이다. 그러다가 문득 돌아보면 첨성대가 쏟아지는 별들 아래 오롯이 서 있다. 그리고 그 옆으로는 천년의 침묵으로 신라의 역사를 말해주는 위대한 왕들의 거대한 무덤들, 대릉원이 이어진다. 낮에 가면 기대어 한 숨 푹 자고 싶은 푸근함이 느껴지지만 밤에는 왕들의 안식처다운 엄숙한 정직과 신성함이 느껴진다.

그곳에 잠시 서 있노라면 언젠가 경주 토박이 노인이 '이곳에 서면 말발굽 소리가 들린다'고 혼잣말처럼 중얼거리던 이야기가 생각난다. 사실 이곳은 신라왕과 영웅들의 체취가 배인 길. 잠시 귀를 기울여보면 힘찬 말발굽 소리와 함께 왕의 행렬이 바람처럼 지나가는 듯하다.

용왕의 아들 처용과 역병을 몰고 다니는 귀신의 빅 매치

경주의 달빛 아래 서면 생각나는 얼굴이 있다. 바로 처용이다. 천여 년 전, 처용도 우리처럼 서라벌의 달빛에 취했을 것이다. 월성 안에선 신라의 천문학자들이 비밀스럽게 첨성대를 오르내렸을 서라벌의 밤, 처용을 밤늦도록 붙들었던 것은 바로 달빛이었을 것이다. 그렇게 신선처럼 놀다가 아쉬운 발걸음으로 집에 들어선 그는 못 볼 것을 보고야 말았다.

> 서라벌 밝은 달 아래 밤 깊도록 노닐다가
> 들어와 잠자리를 보니 다리가 넷이로구나.
> 둘은 내 것이었는데 둘은 누구 것인고.
> 본디 내 것이다 마는 빼앗아 간 것을 어찌하리오.

처용이 얼마나 놀랬을까. 하지만 그는 이미 벌어진 일을 탓하는 대신 조용히 현장을 나와서 갑갑한 심정을 이 한 수의 노래로 표현했다. 그러자 처용의 관용에 감동한 역신이 용서를 빌면서 '다시는 처용 앞에 나타나지 않을 것이며 그의 얼굴만 있어도 얼씬하지 않겠다'고 약속하고 사라진다. 이런 이야기를 담은 처용의 노래가 8구체 향가로 지금까지 전해지고 있는 것이다.

처용에 관한 이야기는 〈삼국유사〉 처용랑 망해사 조에 등장한다. 처용의 이름에 랑이란 호칭을 붙인 걸로 보아 처용이 화랑이었을 가능성이 높다. 그런데 처용 이야기의 원문을 읽어보면 이건 처용 이야기가 아니라 거의 헌강왕 이야기에 가깝다. 양적으로 볼 때 헌강왕 이야기에 처용 이야기를 살짝 끼워 넣은 격이라고 할까. 실제로 처용가가 유행하던 때가 헌강왕 때라고 하니 이야기가 더욱 실감이 난다.

이야기는 이렇게 시작된다. 어느 날, 헌강왕이 바람을 쐬러 바닷가에 나갔는데 갑자기 먹구름이 끼면서 아무것도 보이지 않았다. 신하가 이곳에 용왕을 위해 절을 지으라고 조언했고, 헌강왕이 이를 기쁘게 여겨 절을 세우고 이름을 망해사라 했다. 그러자 구름이 개이면서 용왕이 아들들을 데리고 나오더니 춤으로 감사의 뜻을 표했다. 그리고 가는 길에 왕을 위해 막내아들을 두고 갔는데 그가 바로 처용이다. 왕은 기뻐서 그 포구를 개운(구름이 걷히다)포라 했다.

　신라에 온 처용은 기품이 있고 지혜로워 왕의 신임을 받아 급간이라는 높은 지위에까지 오른다. 왕은 혼자인 처용을 위해 장안 제일가는 미녀를 아내로 주었다. 그런데 그의 아내가 얼마나 아름다웠던지 역신까지 흠모할 정도였다. 그래서 처용이 달빛에 취해 밤늦도록 놀고 있는 틈을 타서 인간으로 변신해 그의 아내를 범했던 것이다.

　그런데 그 상황을 자세히 보면 처용은 용의 아들이다. 보통 사람이 아니라는 뜻이다. 그럼에도 불구하고 역신을 용서했다. 아버지 용왕과 영계의 힘을 빌리면 용왕의 며느리를 범한 역신을 단단히 혼내줄 방법이 없는 것은 아니었다. 그럼에도 불구하고 그는 이미 엎질러진 물을 억지로 주워 담으려고 분을 내지 않았다. 참으로 상상하기 조차 어려운 관용이다. 그러니 역신까지 감동한 것이다.

관용으로 귀신을 감동시킨 처용, 신라인의 자화상

　원래 얘기는 여기서 끝나야 한다. 그런데 〈삼국유사〉의 원문을 보면, 이제 시작이다. 이제부터 달빛 가이 처용은 이야기에서

완전히 사라진다. 그리고 끝까지 헌강왕 얘기다. 내용은 대략 다음과 같다. 헌강왕의 행차에는 언제나 기이한 일들이 따랐다. 남산에 가면 남산 신이 나와서 춤을 추었고 바다에 가면 북악 신이 나와서 춤을 추었다. 궁궐 안에서 제사를 지낼 땐 지신이 나와서 춤을 추었다. 그때마다 왕은 자신이 대단한 인물이라고 착각을 해서 산과 땅과 바다의 신이 알려준 중대한 위험신호를 읽지 못했다는 것이다. 헌강왕 이전까지 신라는 승승장구 나라의 기운이 강해지고 있었다. 럭키 가이 헌강왕은 조상들 덕분에 태평성대 때 왕위에 올랐다. 하지만 자기만족에 취해 결국 국운이 쇠하기 시작했다는 내용으로 이야기가 끝난다.

즉, 이 이야기는 처용에게 빗대어 헌강왕의 실수를 지적한 이야기다.

헌강왕은 자만에 빠져 있었고, 처용은 겸손했다. 자만했던 헌강왕은 신들의 경고를 보고도 불행을 막지 못했지만, 처용은 겸손과 관용으로 인간의 몸에 숨어 있던 귀신이 스스로 모습을 드러내게 만들었다. 이후 그의 이름은 '귀신을 쫓는 축사(逐邪)'의 상징이 되었다. 신라 시대, 짧은 향가였던 처용가는 고려에 와서는 향가보다 십여 배나 긴 고려가요로 발전했다. 그뿐 아니라 샷된 풍속을 엄격히 금했던 조선 사회에서까지 처용무로 발달해 궁중에서도 공연이 되곤 했다. 특히 조선의 궁중에서는 안전을 위해 가면을 쓰고 하는 무용은 엄격히 금지됐는데 오직 처용무에 한해서만큼은 예외로 가면을 쓰도록 허용하고 있다.

고대 신라사회에서 짧은 향가 한 수로 시작된 처용의 이야기, 서라벌의 달빛을 사랑했던 그 사나이의 이야기는 천년이 지나는 동안 우리 정신문화의 핵이 되었다. 처용에게 감동을 받는 이유는 우리 민족이 관용과 겸손을 최고의 덕으로 여기는 심성이 있기 때문이다. 그를 자화상으로 여기기 때문이다. 관대함과 겸손으로 귀신을 감동케 한 자 처용. 경주의 달빛 아래 서면 시대를 막론하고 누구나 닮고 싶어 하는 관용의 화신, 처용을 만날 것만 같다.

healing trak info (성인 남성 75kg 기준/kcal)

코스	거리	난이도	시간	소모칼로리
안압지~대릉원-첨성대	4.2km	하	1시간30분	400

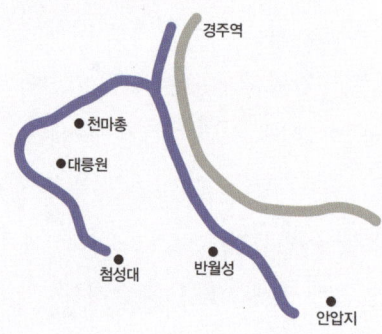

■ 헌강왕(875~886)

헌강왕은 신라 제 49대 왕으로 신라가 경제적으로나 정치적으로 최전성기에 있을 때 왕위에 올랐다. 〈삼국사기〉에 따르면 당시 서라벌에는 초가집이 없었으며, 땔감은 연기가 나는 나무가 아닌 숯을 사용했다. 또한 거리에는 하루 종일 태평성대를 기리는 노랫소리가 끊이지 않아 왜국의 왕이 사신을 보낼 정도였다. 하지만 헌강왕의 무능한 정사로 신라의 국운이 쇠락기로 접어들었다. 헌강왕릉은 사적 제187호.

■ 처용무(處容舞)

중요 무형문화재 제39호. 처용 가면을 쓰고 추는 춤. 궁중무용 중에서 유일하게 사람 형상의 가면을 쓰고 추는 춤으로, 5명이 동서남북과 중앙의 5방향을 상징하는 색깔의 옷을 입고 춘다 하여 오방처용무라고도 한다. 처용설화를 바탕으로 가면과 의상, 음악, 춤이 어우러진 수준 높은 무용예술로, 우리 조상들의 덕망 있는 모습을 바탕으로 하며, 많은 변화를 겪으면서도 꿋꿋하게 그 맥을 유지하고 있다. 고려 후기까지는 한 사람이 춤을 추었으나 세종 때에 이르러 다섯 사람으로 구성되었고, 성종 때부터는 궁중의식에 사용하게 되었다.
사진 출처 〈http://www.kyongbuk.co.kr/?mod=news&act=articleView&idxno=934695#09Sk〉

■ 대릉원

사적 제512호. 경주 시내 한가운데 약 12만 6,500㎡의 넓은 공간에 미추왕릉을 비롯해 30기의 고분들이 자리 잡고 있다. 옛날 무덤들 속에는 무덤 주인과 함께 수많은 껴묻거리(부장품)가 있고 시종이나 노비들이 함께 묻히는 순장의 흔적도 발견됐다. 대릉원은 왕권 강화가 이루어진 4세기~6세기 초까지의 무덤들이다. 천마도가 출토된 천마총과 대릉원이라는 이름의 근원인 미추왕릉, 경주에서 가장 큰 무덤이면서 금관이 발굴된 황남대총 등이 모여 있다.

■ 미추왕릉

사적 제175호. 신라 첫 번째 김 씨 왕인 13대 미추왕의 능. 미추왕은 백제의 침입을 막고 농업을 장려하는 등 나라를 안정시켜 사후에도 성군으로 사랑받은 왕이다. 높이 12미터, 지름 56m로 내부구조는 돌무지 덧널무덤일 것으로 추정되고 능 앞에는 혼유석(혼이 머무는 바위)이 있다. '미추왕을 대릉에서 장사 지냈다'는 〈삼국사기〉의 기록에 따라 이 일대를 대릉원이라 했다. 적들이 들어오자 능 앞의 대나무들이 병사로 변해 물리쳤다는 전설이 있어 죽현릉 혹은 죽능이라고도 한다.

■ 천마총

대릉원의 고분군 중 유일하게 내부가 공개된 천마총은 원래는 황남대총을 발굴하기 위해 발굴 연습용으로 발굴한 곳이다. 그런데 발굴 과정에서 자작나무 껍질에 하늘을 나는 말을 그린 말다래(말위의 사람에게 흙이 튀지 않도록 말의 안장 양쪽에 늘어뜨리는 기구)가 출토되어 천마총이란 이름이 붙었다. 5세기 말-6세기 초에 축조된 고분으로 금관, 금 모자, 금 허리띠, 금동 신발 등 막대한 유물이 출토됐다. 특히 금관은 지금까지 출토된 금관 중 가장 크고 화려하다.

■ 경주 동궁과 월지

사적 제18호. 안압지 서쪽에 위치한 왕자의 동궁. 경사가 있을 때나 귀한 손님을 맞을 때 연회를 베풀었다던 곳이다. 경순왕이 왕 건을 초청하여 위급한 상황을 호소하며 잔치를 베풀었던 곳이기도 하다. 출토된 유물 중에 보상화 무늬가 새겨진 벽돌에서 '조로 2년(680년)'이라는 글자가 발견돼 임해전이 문무왕 때 만들어진 것임이 밝혀졌다. 임해전은 별궁에 속해 있던 건물이지만 그 비중이 매우 컸던 것으로 보이며 안압지는 신라 연못 양식을 대표하는 유적이다.

400년 전통의 '참 부자학'

교촌 최부자집

우리에게 신라는 영웅의 나라다. 지칠 줄 모르는 열정과 치열함으로 막막한 고대를 찬란하게 밝힌 영웅들의 시대다. 그럼에도 불구하고 오늘날 경주에는 소박하고 단아한 문화의 전통이 있다. 대한민국 도시 가운데 고대와 중세가, 또한 불교라는 언어와 유교라는 삶이 이렇게 잘 어우러져 하나가 된 도시는 거의 없다. 압도적인 역사를 가진 천년 고찰과 어깨를 나란히 하면서 실천적인 삶의 역할을 다음 세대에게 가르쳐온 경주 향교, 조선시대 아름다웠던 이름들을 기억하기 위해 세워진 서원들, 그리고 기품있는 선비들의 삶을 간직하고 있는 양동마을과 몇몇 명문가의 종택들은 마치 영웅들이 바람처럼 지나간 땅 밑을 흐르는 맑

은 물줄기처럼 흐르고 있다.

　고대의 국가와 불교가 다가오는 미래를 향해 웅비하는 힘찬 심장의 박동 소리였다면, 중세의 유교는 조용히 자신을 수련하고 가정을 세우며 평범한 일상을 통해 내실을 다지는 맑은 기풍이다. 그 기풍 가운데 관가도, 대궐도, 그 어떤 공식적인 권위도 없는 개인의 집이지만, 다른 어떤 유교의 유산보다도 경주의 중요한 상징이 된 한 가문이 있다. 바로 교촌 경주 최 씨 종택 최부자집이다.

400년간 부를 이어온 세계에서 가장 오래된 명문가

　최부자집의 전통이 시작된 것은 조선 중기 최진립 때부터. 당시 경주시 내남면 일대에 있던 최부자집은 약 200년 전인 최언경 대에 이르러 요석궁터가 있었던 교동으로 옮겨와 지금에 이르고 있다.

　최부자집 종택은 건축적으로 아름다운 한옥으로 이름이 높다. 약 170년 전에 지은 한옥으로 경상도 지방의 전형적인 구조이면서도 조형적인 아름다움이 뛰어나다. 99칸 대저택인 건물의 부지는 약 2천여 평, 후원이 만 평이나 된다. 1969년의 화재로

두 채의 사랑채와 행랑 등 일부가 불타는 안타까운 일도 있었다.

부자집답게 이 집에서 가장 시선을 끄는 곳은 쌀창고인 뒤주. 정면 5칸 측면 2칸의 맞배지붕으로 되어 있는데 쌀 800가마를 보관할 수 있다. 원래는 뒤주가 몇 채나 되었다는 데 지금은 하나만 남아 있어 중요 민속자료 제27호로 지정됐다.

최부자집은 한국의 노블레스 오블리주(Noblesse oblige)의 상징으로 손꼽히는 조선 최고의 부자 가문이자 세계적으로도 가장 오랜 역사를 가진 부유한 명문가다. 무려 400년 동안 9대에 걸친 진사와 12대에 걸친 만석꾼을 배출한 집안으로 어려운 이웃을 돕고 독립운동을 후원해 큰 존경을 받았다.

최부자집의 시조는 최진립이다. 최진립은 임진왜란 때 참전했고, 정유재란 때에도 공을 세웠다. 전쟁이 끝난 후에도 오위도총부 도사, 공조 참판, 삼도 수군통제사 등의 관직을 지냈다. 그 과정에서 재산을 모은 최진립은 아들 최동량을 교육시켜 가문을 발전시켜나갔다. 최동량에게 재산을 물려주고 여생을 살던 최진립은 1636년 병자호란 때 참전했다가 전사했다.

최동량은 많은 재산을 물려받고 큰 땅을 구입했다. 산부터 강까지 이르는 큰 땅을 산 후, 그 땅 전체에 농사를 짓기 시작했다. 아들 최국선은 둑을 세우고 옆에서 도우며 동반자가 되어 주었다. 최동량은 이웃 주민들이 사람들이 땅을 쓰고 싶은 듯하면,

소작료를 수확한 곡식의 반만 받고 중간 관리자인 마름도 두지 않았다. 마름은 중간에서 소작료가 일꾼과 땅주인에게 잘 교류되는지 검사관 역할을 맡았으나, 중간에서 소작료를 빼돌렸기 때문에 마름이 없는 것이 안전하다고 여긴 것이다.

이런 방식으로 최동량은 일꾼을 모아 그 큰 땅을 모두 일구었다. 농사는 성공적이었고, 거름을 쓰는 시비법과 모내기를 하는 이양법으로 농사를 지으면서 수확량을 크게 늘렸다. 최동량이 세상을 떠나자 최국선이 최부자집을 물려받았다.

당시 최국선은 조선 최고의 부자였고, 이때부터 최부자집의 '노블레스 오블리주'의 전통이 시작됐다. 최국선은 1671년 조선 현종 때에 흉년이 들어 농민들이 꾸어 간 쌀을 갚을 수 없게 되자 안타까워하며, 아들 최의기 앞에서 담보 문서를 모두 불살랐다. 최국선은 죽을 쑤어 거지들에게 푸짐하게 나눠주었으며, 보리가 여물지 않은 3월과 4월의 보릿고개엔 약 100가마의 쌀을 이웃에게 나눠주었다. 뿐만 아니라 소작 수입의 1/3을 빈민구제로 쓰는 풍습이 생겼는데 200년 후인 최준 대까지 이어졌다. 이렇듯 후손을 엄격하게 교훈하며 탐욕을 엄중히 경계했던 최부자집은 세상의 존경을 받기 시작했다.

최부자집 최후의 만석꾼이었던 12대 종손 최준은 막대한 독립자금을 제공하여 일본 경찰로부터 모진 고문을 당하기도 했다. 평소 교육에 뜻을 두었던 그는 해방 후 전 재산을 대구대학교(영남대학교 전신) 재단에 기부했다. 정부에선 이런 최부자집의 전통과 사회에 끼친 영향을 높이 평가하여 건국훈장을 수여했다.

부자가 되는 데는 치밀한 경영전략이나 지침이 있기 마련. 최부자집에도 대대로 전해지는 가훈이 있는데 가문 경영의 6가지 원칙인 '육훈(六訓)'과 자신을 지키는 지침인 6가지 태도인 '육연(六然)'이다. 이 가훈의 골자는 안으로는 검소하고 겸손하게 나를 지키고 '부를 나누는 방법'이 주요 골자다. 즉 '부를 축적'을 목적으로 하는 게 아니라 '부의 나눔'을 목적으로 해서 부자가 되고 그 부를 오래 유지해온 가문으로 많은 이들에게 감동을 전해왔다.

쌓는 부자가 아닌 나누는 부자의 '참 부자학'

우선 육훈의 내용을 보면, 권력욕에 휘둘리지 않도록 진사 이상의 벼슬을 하지 못하게 했다. 부를 위지하기 위한 최소한의 사회적 지위만을 유지하라는 뜻이다. 이 원칙을 세운 사람은 최부자집의 부를 일으킨 최진립으로 임진왜란 당시 참전하고 벼슬을 했었던 경험을 통해 유훈을 남긴 것으로 알려졌다. 과거를 보고 학문에도 힘써서 가문과 나라를 지키는 일에 충실해야 하지만 진사 이상은 하지 말라고 한 것이다. 양반의 지위를 인정받는 최소의 조건인 진사만 유지하면서 정쟁에 휩쓸리지 않으려는 것이다.

흉년에는 재산을 늘리지 않도록 함으로써 가난한 이웃들을 세심하게 배려하도록 했고, 최의기 대에 와서는 물질과 재산에 대한 욕심을 경계하라는 뜻으로 만 석 이상은 모으지 못하도록 했다. 이 원칙에 따라 일 년에 쌀 만 석 이상이 넘지 않도록 적정 이윤을 추구했는데, 예를 들면 토지가 늘어난 만큼 소작인의 소작료를 낮추는 식이었다.

특히 최동량은 부하직원을 잘 관리한 것으로 알려져 있는데 경영자가 더 열심히 일하는 사풍과 인간적인 관계와 정성을 다한 식사 제공 등으로 수확량이 늘어나는 결과를 가져왔다.

또한 이 집안에 새로 시집오는 며느리들은 3년간 무명옷을 입고 살며 검약하는 습관을 배우게 하는 것으로 유명하다. 청백리 정신을 바탕으로 근검 절약을 실천하는 한편, 언제 닥칠 지 모를 경제적 어려움을 늘 대비하는 삶을 살았다.

그렇게 스스로에 대해서는 검소와 절약을 강조하면서도 큰 흉년이 들어 굶어 죽는 사람이 생기면 과감히 곳간을 열었다. 특

히 '사방 백리 안에 굶어 죽는 사람이 없게 하라'는 가훈에 따라 가난한 이웃 구제를 위해 다양한 일들을 해나갔다.

그중에 대표적인 것이 '구멍 뒤주'다. 어려운 사람들이 손을 집어넣어 잡히는 만큼 쌀을 가져가도록 쌀뒤주에 구멍을 뚫어 놓았다 해서 붙은 이름이다. 또한 1년 수확이 쌀만 3천 석이었는데 1천 석은 집에서 쓰고 1천 석은 손님을 위해 베풀고, 나머지 1천 석은 주변에 어려운 사람들에게 나누어 주었다고 한다.

흉년이 들면 빈민을 구제하고 급한 돈이 필요한 사람들에게 돈을 빌려주었다. 그리고 그들이 대가로 내놓은 토지대장이나 집문서들을 태워 대가를 받지 않는 등 어려움에 처한 사람들을 극진히 배려했다.

하지만, 대를 이은 나눔과 배려에도 불구하고 단지 부자라는 이유로 오해를 받는 경우도 많았다. 그러면 그럴수록 최부자집 사람들은 더 많은 부를 나누고 더 세심하게 이웃을 배려함으로서 그들의 시각을 바꾸고자 노력했다. 그런 노력과 선택은 결정적인 순간에 스스로를 지키는 방패가 됐다. 19세기 초, 조정의 부패와 일본의 침략으로 나라가 혼란스러워지자 최부자집도 흔들리기 시작했다. 11대 최현식 때에는 부자들을 무조건 공격하고 약탈하는 활빈당으로 인해 무너질 위기에 처했으나 최부자집의 도움을 받았던 농민과 거지들이 활빈당으로부터 최부자집을 지켜주어 명맥을 유지할 수 있었던 것이다.

또한 나그네를 후하게 대접하는 일도, 이웃 구제하는 일만큼 정성을 다했다. 그렇게 주변에 사람들이 끊이지 않게 하고 항상 후하게 대접했다. 최부자집은 시방에 있었기에 수도권에서 일어나는 일들은 알 길이 없었다. 하지만 식객들의 발길이 끊이지 않았던 최부자집에는 전국팔방에서 흘러온 사람들을 통해 많은 정보들이 오가곤 했다. 그렇게 얻은 인맥과 정보를 통해 큰 위기를 넘기기도 했고 때론 요긴한 사업 비밀을 얻기도 했다.

한편 자신을 지키는 원칙에 대해서는 6가지 태도를 가르치고 있는데 두 가지가 서로 댓구를 이루고 있다. 자처초연(自處超然), 스스로에 대해서는 모든 것에 초연하되, 대인애연(大人靄然), 남에게는 온화하게 대하라고 했다. 무사징연(無事澄然), 일이 없을 때는 마음을 맑게 가지고 유사감연(有事敢然), 할 일을 찾았을 때는 과감하게 행동에 옮긴다. 득의담연(得意淡然), 성공했을 때는 너무 우쭐 대지 말고 담담하게 행동하되 실의태연(失意泰然), 실패했을 때에도 너무 실망하거나 좌절하지 말고 태연하게 행동하라고 했다.

400년간 흔들리지 않는 부의 가문을 일궈온 최부자집 사람들. 이들이 12대에 걸쳐 힘써 실천해온 것은 부의 축적이 아니라 나눔이었다. 즉 부의 생명이 '쌓는' 데 있는 게 아니라 적극적으로 '나누는' 데 있음을, 대를 이은 열정적인 삶으로 세상에 전해준, 참 부자들이다.

healing trak info　　　　　　　　　　(성인 남성 75kg 기준/kcal)

코스	거리	난이도	시간	소모칼로리
한옥마을-최씨고택- 경주향교-월정교-한옥마을	1.5km	하	30분	300

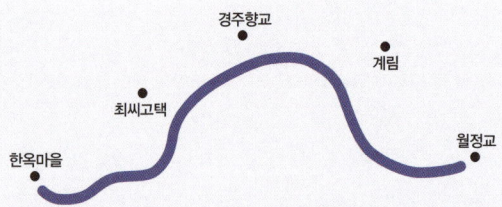

■ 최준

최부자집의 마지막 거부. 백산 안희제와 더불어 백산상회(白山商會)를 설립하고 막대한 독립자금을 제공하다 일본 경찰에 체포되어 모진 고문을 당했다. 그 후 백산상회는 부도를 맞아 3만 석에 해당하는 빚을 지게 되었다. 꼼짝없이 재산이 압류될 상황이었는데 최준과 개인적인 친분이 있던 식산은행 아리가가 빚의 절반을 탕감해주었다고 전한다. 해방 후 최준은 김구를 만난 자리에서 안희제에게 전한 자금이 하나도 빠짐없이 전달된 사실을 알고는 그의 무덤에 찾아가 그를 기리며 통곡했다는 유명한 일화가 전해진다. 이후 전 재산은 대구대학교(영남대학교 전신) 재단에 기부했다.

■ 육연(자신을 지키는 교육)

1. 自處超然(자처초연) : 스스로는 초연하게 지내야 하며
2. 對人柔然(대인애연) : 남에게는 온화하게 대해야 한다
3. 無事澄然(무사징연) : 일이 없을 때 마음을 맑게 가지고
4. 有事敢然(유사감연) : 일을 당해서는 과감하게 대처하며
5. 得意淡然(득의담연) : 성공했을 때는 담담하게 행동하고
6. 失意泰然(실의태연) : 실패했을 때는 태연히 행동하라

■ 육훈(집안을 다스리는 교훈)

1. 과거를 보되 진사 이상의 벼슬을 하지 마라
2. 만 석 이상의 재산은 모으지 말라
3. 흉년기에는 땅을 늘리지 말라
4. 과객을 후하게 대접하라
5. 가문에 시집온 며느리는 3년간 무명옷을 입어라
6. 주변 백리 안에 굶어 죽는 사람이 없게 하라

〈경주 시간여행〉
3박 4일 가이드

제1일

1. 경주 여행은 지도와 함께

경주는 왕도다. 한 나라가 수도를 정할 때는 산수의 아름다움과 지형의 안전성을 고려하여 결정한다. 천년의 역사를 가진 경주는 어떻게 생긴 곳일까. 지도를 펼쳐 놓고 경주 전체를 보는 안목이 필요하다. 우선 궁궐을 중심으로 우리가 찾아갈 곳들의 위치를 파악하고 난 뒤 여행을 시작하면 한결 마음도 편하고 현장이 친근하게 다가온다.

2. 서라벌 달빛 투어 /월성-계림-첨성대-월지

땅거미가 진 천 년 전 신라의 수도 서라벌로 달빛여행을 떠나보자. 왕이 살았던 월성에서 영적인 숨결이 머무는 숲들을 지나 계림으로 향한다. 경주 김 씨의 시조 김알지의 탄생이 서린 계림에서는 고목들과 바람을 느껴본다. 선덕여왕이 첨성대로 보려 했던 것과 함께 하늘을 담아보자. 달빛과 함께 신라시대로 돌아간 듯 화려한 월지는 달이 서린 연못을 간직하고 있다.

제2일

3. 새벽엔 토함산을

안개와 구름을 삼키고 토한다는 이름을 가진 토함산을 새벽에 올라보면 어떨까. 예로부터 한반도 8경 중 하나로 손꼽히는 토함산 일출을 볼 수 있다. 그 햇살은 언제나 이곳 서라벌만을 위해 존재한다고 믿었던 고대의 신라인들을 떠오르게 한다. 그들의 정신세계와 자존심을 한눈에 볼 수 있는 곳이 바로 이곳 토함산의 심장, 석굴암이다. 그곳에서 드려졌던 가슴 뭉클한 고백들을 기억하자.

4. 걸어서 불국사로

석굴암 보고 불국사를 갈까, 불국사를 보고 석굴암을 갈까? 불국사를 먼저 가고 나서 석굴암을 가는 코스와는 다르게 석굴암에서 불국사로 가는 길은 또 다른 세상을 보여준다. 석굴암에서 마주한 사람들의 마음을 안고 불국사로 들어서면 이전과는 완전히 다른 불국사, 통일신라가 만들어가고 싶었던 진정한 이상향이 보이기 시작하는 것이다.

5. 오후엔 남산을 돌자

세계에서 가장 아름다운 노천 박물관 남산을 돌아보자. 남산은 부처의 나라로 보일 정도로 산 곳곳에서 부처를 만날 수 있다. 사계절마다 변신하는 남산의 비경과 함께 부처의 나라에서 위로받은 따듯함을 느낄 수 있다. 그 시대에 힘없는 백성들에게 바위마다 부처가 살고, 계곡마다 들어선 불상과 탑에는 수많은 이들의 기도와 소원이 쌓여 있는 남산은 얼마나 따뜻한 품이었을까.

제3일

6. 대릉원과의 아침인사

왕들의 무덤 대릉원으로 아침인사를 드리러 가보자. 대릉원은 낮에 가면 기대어 한 숨 푹 자고 싶은 푸근함이 느껴진다. 그런데 밤에는 사뭇 다른 모습이다. 왕들의 안식처다운 엄숙한 정적과 신성함이 느껴진다. 이곳은 신라 왕과 영웅들의 체취가 배인 길이다. 잠시 귀를 기울여 힘찬 말발굽 소리와 함께 왕의 행렬을 바람처럼 느껴보자.

7. 김유신묘-천관사지

김유신은 태종무열왕 김춘추와 삼국통일이라는 원대한 꿈을 함께 꾸며 이룬 시대적 영웅이다. 사후에서도 변치 않는 우정과 신뢰를 보여주듯 태종무열왕릉과 김유신의 묘는 아주 가까운 곳에 있다. 완벽할 것만 같은 김유신에게도 사랑까지 지킬 수는 없었다. 김유신이란 이름이 역사 속에서 찬란하게 빛을 발할 때면 더욱더 어둡게만 느껴지는 곳, 천관사지로 가보자.

8. 오릉에서 포석정까지

신라의 시작과 끝을 보러 가보자. 시조 박혁거세가 태어났다는 나정 옆에는 양산재와 오릉이 있다. 양산재는 신라의 박혁거세를 왕으로 추대한 6부 촌장을 기념하는 곳이다. 양산재에서 나와 근처의 박혁거세가 묻힌 오릉으로 간 뒤 신라의 종말을 지켜온 포석정을 향해보자. 유상곡수라는 신비로운 수로설계로 유명한 포석정은 경애왕과 신하들이 견훤에 의해 최후를 마친 곳으로 유명하다.

제4일

9. 감포, 대왕암과 만파식적의 바다에서

제2차 세계 대전에서 영국과 유럽을 구한 영웅 윈스터 처칠이 있다면 신라시대에는 막 삼국통일을 하고 당나라로부터 신라를 구한 문무왕이 있었다. 죽어서도 용왕이 되어 나라를 지키겠다고 했던 문무왕과 만파식적으로 나라와 민족의 혼을 지키고자 했던 그의 아들 신문왕을 제대로 읽고 싶다면 감포 앞바다로 가보자.

10. 피날레, 화랑로 트랙킹에 도전하라

10대의 뜨거운 심장으로 화랑도를 바라보면 그들이 한결 가까이 다가온다. 신라의 10대로 이루어진 화랑도는 국가와 백성을 위해 자신의 삶은 내놓은 전사이자, 정신과 육체를 강하고 아름답게 수련했던 수도자였다. 시와 가무와 노래에 탁월했던 당대의 풍류가객이면서도 유, 불, 선의 도를 모두 실천하여 종교적 갈등을 해소하고 정신적으로 신라사회를 통합하는 데 결정적인 역할을 했다. 화랑들의 체취를 느껴보자.

경주에서 길을 찾다

초판 발행   2014. 6. 17
개정판 발행 2019. 3. 1

지은이 이소윤
트래킹 이동훈
디자인 임현주

펴낸곳 (주)스토리윤
등록   2016-000066호
주소   용인시 처인구 양지면 한터로 662번길 53
전화   02)529-5293   **팩스** 02)529-5232
이메일 storyyoon_files@naver.com

ⓒ 이소윤, 2019

ISBN 979-11-951529-7-1 03980

*이 책의 집필은 경주시의 제작후원을 받아 진행되었으며, 책에 사용된 사진은 경주시의 사전 양해를 받아 사용한, 경주시 소유의 사진 혹은 경주시가 주최한 사진전 수상작품임을 밝힙니다.
*이 책은 저작권법에 따라 보호를 받는 저작물이므로 무단 전재와 무단 복제를 금합니다.
*책 값은 뒤표지에 있습니다. 잘못된 책은 구입하신 서점에서 바꿔드립니다.
*이 도서의 국립중앙도서관 출판예정도서목록(CIP)은 서지정보유통지원시스템 홈페이지(http://seoji.nl.go.kr)와 국가자료종합목록시스템(http://www.nl.go.kr/kolisnet)에서 이용하실 수 있습니다. CIP2019006139